理论上　守正创新
范畴上　传承务新
方法上　理论同历史和现实结合

荣兆梓 / 著

TUOZHAN ZHENGZHIJINGJIXUE XINSHIYE
LILUN FANCHOU YU FANGFA

拓展政治经济学新视野：
理论、范畴与方法

全国百佳图书出版单位
APTIME 时代出版传媒股份有限公司
安徽人民出版社

序

中华人民共和国教育部社会科学委员会副主任

北京大学中国道路与中国化马克思主义协同创新中心主任　顾海良

　　《拓展政治经济学新视野：理论、范畴与方法》是兆梓长期以来从事政治经济学学术研究部分成果的展示，也是他在社会主义政治经济学研究中主要的学术观点和创新理论的展示。尽管之前就读过兆梓的许多论文，但现在有幸先读这部著作时，还是从体系结构上更为清晰地看到兆梓对政治经济学研究的新视野、学术的新探索和理论的新创见。如著作的标题"理论、范畴与方法"所示，该书给人以深刻影响的，就是在社会主义政治经济学理论、范畴和方法探索上的学术成就。

　　一是理论上守正而又创新，对中国特色社会主义政治经济学重大问题作出多方面的深入研究。例如，在对马克思主义政治经济学的所有制范畴与新制度经济学的产权概念的比较研究中，该书重在厘清二者之间的联系与区别，以马克思唯物史观为基本立场，深入剖析了新制度经济学的局限性和适用性，"以我为主，为我所用"，提出制度化的人际关系总是表现为权利和意志关系，在经济制度中则表现为生产关系与财产关系之间的历史的、辩证的关系，从而形成了马克思主义制度经济学发展的若干原则意见。

　　二是范畴上传承而又务新，在中国特色社会主义政治经济学"术语的革命"上作出多方面的深湛论述。恩格斯在评价马克思《资本论》的科学成就时曾指出："一门科学提出的每一种新见解都包含这门科学的术语的革命。"中国特色社会主义政治经济学发展的标识，也在于"术语的革命"。该书开宗明义，从劳动的历史性质上提出劳动的生产力和社会关系上的二因素，对马克思提出的劳动二重性范畴作出了广义政治经济学意义上的阐释。该书进一步提出，平等劳动范畴是反映社会主义经济本质特征的主体范畴，是反映社会主义条件下劳动社会关系历史特征的核心范畴。这一"术语的革命"，体现了对社会主义政治经济学"中国话语"的重要探索。"公有资本"也是该书中"术语的革命"的引人注意的例证。

三是方法上注重理论同历史和现实的结合，在政治经济学方法论上作出多方面的深刻探索。这里讲的历史，既有经济史也有经济思想史的意义；这里讲的现实，不只是中国经济社会发展的现实也包括经济全球化背景下国际经济社会发展的现实。该书有从经济思想史上，对20世纪50年代关于资本理论的"两个剑桥之争"的探索，对俄国十月革命后马克思主义政治经济学关于社会主义经济制度微观层面问题发展的研究。也有从世界经济史上，用发展的眼光看待20世纪以来实践社会主义的历史，得出公有资本与平等劳动相互关系历史演进的逻辑；在对世界经济史的探索中，对工业化进程中科技革命带动产业革命的普遍规律作了探索。还有从新中国经济史上，从生产力与生产关系互动关系上，提出中国社会主义经济发展强制工业化与科层的平等劳动、内生的工业化与竞争的平等劳动、可持续工业化与共享的平等劳动发展的三阶段理论，等等。该书注重运用辩证唯物主义和历史唯物主义观点，使整体的社会历史的制度分析，同经济历史和经济思想历史的发展相结合，也同现实的体制的实证分析及对策分析相结合，对中国特色社会主义政治经济学作出新的探索。

我和兆梓教授是大学同学，一起在安徽大学（原安徽劳动大学）度过了四年难忘的大学时光。我们是"文化大革命"后恢复高考的第一批大学生，专业是政治经济学。如饥似渴地读书、废寝忘食地学习，是对那一年代的大学生活最为真实的写照。高考时，兆梓就以语文考试的优异成绩著名，记得他的作文考卷还作为范文刊登在《安徽日报》上；大学期间，他就同倪学鑫一起在《江淮论坛》上发表了关于"劳动力个人所有权"问题的论文，一时成为我们班级同学的骄傲。

1982年初春，我们大学毕业后各奔东西，在教学科研机构从事研究工作的同学并不多，从事政治经济学研究的同学更不多；在政治经济学被"边缘化"的岁月中，荷戟独彷徨，依然能接续不断地从事政治经济学研究的同学更是稀少。我甚至觉得，自20世纪80年代初以来，历经40年学术生涯，能够专心致志地从事政治经济学研究而又学术成就斐然的学者，在我国经济学界也是少之又少的。一直以来，我们班级同学常常被兆梓不懈的学术追求和崇高的学术精神所感染和感动。

人生七十古来稀，学术七十还当年。读罢该书，总觉得兆梓还有很多话要说，还有很多思想要迸发。真切地希望兆梓同学能一如既往地求真、求实、求新，在中国特色社会主义政治经济学理论研究和学术探索中取得更大的成就。

2019 年 5 月 19 日

CONTENTS
目 录

序 / 顾海良 / 001

劳动与生产力 /001

● **历史唯物主义视域的劳动范畴** /003

一、劳动二因素 /003

二、劳动生产力 /005

三、劳动社会关系 /011

四、以劳动作为社会主义政治经济学的逻辑起点 /016

● **建立社会劳动生产力函数的一个尝试** /019

一、效率的一般概念,由费用与效用计量困难引出的分歧 /020

二、马克思的效率理论:劳动生产力与劳动生产率 /021

三、帕累托效率:贡献与局限 /023

四、生产可能性边界与社会劳动生产力:两种效率工具的结合 /028

五、社会劳动生产力函数的基本性质:一个初步的讨论 /033

●总劳动生产率还是总要素生产率 /039

一、劳动生产力是否包含活劳动和物化劳动的总量劳动的生产率 /040

二、计算总劳动生产率的困难以及解决困难的途径 /045

三、建立在劳动价值论基础上的增长方程及其与古典增长方程的区别 /048

产权与制度 /053

●所有制、产权：制度分析的对象与方法 /055

一、生产关系与财产关系 /055

二、所有制与产权制度 /063

三、两种制度分析方法及其统一性 /070

四、所有制的历史形态与实现形式 /076

●新制度经济学的理论范式为什么是适用的 /082

一、新制度经济学的研究纲领及其演进 /083

二、新制度主义范式的历史局限性 /085

三、为什么适用于中国的经济体制改革 /088

资本与公有资本 /093

●资本理论的争论与马克思主义经济学的发展 /095

一、新古典资本理论的困境 /095

二、经济学关于资本理论的争论 /097

三、争论对于经济理论的意义 /100

四、斯拉法、加列格纳尼等人的理论成就 /102

●公有资本与资本一般 /106

一、马克思的资本一般概念需要修正 /106

二、资本一般内涵的再界定 /109

三、公有资本与私有资本的差异性 /112

● **公有资本与平等劳动** /116

一、国家辛迪加：两个劳动者集合的偏离 /116

二、增加价值分割为必要价值与剩余价值 /120

三、公司制改革确立公有资本逻辑 /124

四、劳动自治的历史经验和现实启示 /127

五、资本的一般规定与特殊规定 /129

六、资本对劳动的形式上从属与实质上从属 /133

从劳动平等到平等劳动 /139

● **论市场平等与劳动平等的关系** /141

一、劳动平等观的历史演进 /141

二、劳动平等的基本内容 /145

三、如何看待市场平等 /147

四、如何实现更高程度的社会公平 /150

五、发挥国有经济的公平效应 /153

● **劳动平等及其在社会主义市场经济下的实现** /159

一、全面理解劳动平等的含义 /159

二、权利意志关系与现实经济关系 /163

三、劳动平等实现程度与实现过程 /165

四、市场经济下实现劳动平等的特殊性 /167

五、市场经济下劳动平等的实现程度 /171

●社会主义政治经济学体系中的平等劳动范畴 /175

　　一、雇佣劳动向平等劳动转化 /175

　　二、平等劳动的内容 /178

　　三、平等劳动的内在矛盾 /180

　　四、平等劳动与市场经济 /183

　　五、平等劳动的发展阶段 /187

生产力与未来社会 /191

●经济学的稀缺性与马克思的丰裕社会

　　——《资本论》读书札记 /193

●新一轮科技革命对人类社会发展的影响 /204

后记 /216

劳动与生产力

劳动是社会主义政治经济学的核心范畴之一,其历史性质体现在劳动的生产力和劳动的社会关系两个方面。我们称之为劳动的历史的二因素。如此定义的劳动二因素显然区别于马克思在商品经济分析中所使用的劳动二重性(具体劳动和抽象劳动),而具有广义政治经济学的一般意义。

本编收入三篇论文,其中第一篇分别讨论了历史唯物主义视域下的劳动二因素,指出在劳动生产力和劳动社会关系之间存在联通二者的桥梁——劳动组织方式,正是在这一"复合地带",历史唯物主义的"生产力一元论"具有最清晰的表现。

后两篇论文讨论劳动生产力的数量表达。其中一篇主张用向量集合来表征作为劳动生产率分母的社会总产出,进而构建马克思主义的社会劳动生产力函数;另一篇则主张用包括活劳动消耗和物化劳动消耗在内的完全劳动消耗量为分子,建立总劳动生产率函数,进而推导出马克思主义的经济增长方程。

历史唯物主义视域
的劳动范畴①

在历史唯物主义的宏大视域内,劳动的历史性质表现为劳动的生产力和劳动的社会关系两个因素。如此定义的劳动二因素,显然与马克思在分析商品经济时界定的劳动二重性(具体劳动与抽象劳动)不同,具有广义政治经济学的一般意义。劳动范畴在社会主义政治经济学体系建设中具有特殊重要性,因此有必要对反映劳动历史性质的二因素作更加深入的讨论。

一、劳动二因素

劳动是人的体力和脑力活动,这种活动以从自然界获取自身物质和文化生活需要为目的,以运用工具为手段,超越了基因决定的动物本能,具有文化进化的独特性质。劳动是人与自然相互关系的基本内容,同时也是人与人相互关系的主要纽带。劳动的对象虽然以外在自然为主,但生产过程中处理人与人关系的交往活动也应该属于劳动范畴(如管理劳动等)。我们将前者称作生产实践,将后者称作交往实践②。由于交往是人际交互影响的行为,因此,两类劳动活动具有明显的差异性。但是,在现实的生产过程

---

① 本文成稿于 2018 年春,首次公开发表。
② 新制度经济学的交易概念容易引起歧义,一些人望文生义地将概念内涵片面地局限在市场交换范围,使得理论的解释力降低。

中,二者又总是相伴而行,不可能截然分开。劳动的一般规定性适用于人类社会历史发展的所有时期,其内容比较简单、相对贫乏,并不能体现人类社会发展不同阶段的历史性特征与丰富内涵。要理解劳动在历史发展中的演化进程和丰富内容,就要对劳动范畴的二因素分别进行更加深入而细致的研究,进而把握历史发展不同时期劳动的历史形式。

劳动的二因素,即劳动生产力和劳动社会关系。劳动生产力是人类从自然获取自身生活需要的能力,表现为人类特有的主动型的进化适应性,是人类生产活动积累的经验和知识在生产中的运用。劳动生产力发展有单向的时间之矢,从宏观的历史尺度看,它的进步永远不会停息,进而构成历史进步的标尺。

劳动社会关系属于生产关系范畴,是生产力内容由以体现的外在形式。它随生产力的进步而进步,自身并没有一成不变的合理性规定或先进性尺度,适应生产力发展需要是其唯一可识别的“价值标准”。因此,从来没有比生产力更加“先进”的生产关系,“超越”不过是生产关系不合理性的一种表现。这不是说劳动的社会形式对生产力没有作用,一个适应生产力发展要求的生产关系对生产力的促进作用至关重要,而生产关系不适应生产力的破坏性则为历史事实证明。

劳动的二因素在历史进步中始终相互纠缠,相互支撑,共同前行。只不过二者的相互作用具有非对称性,从长期看,生产力终归是矛盾的主要方面。

政治经济学就是从劳动两个因素相互作用中研究特定经济制度的规律,社会主义政治经济学应当在社会主义时期的劳动二因素相互作用中揭示社会主义经济制度的规律性特征。

二、劳动生产力

(一) 劳动生产力质的规定性

劳动生产力的一般规定是逻辑体系展开的必要前提。马克思在《资本论》第1卷分析商品生产过程的有关章节,曾经附带讨论过生产力的一些基本问题。比如,在讨论商品生产的社会必要劳动时间时,简明扼要地分析了影响劳动生产力发展的因素。马克思写道:"劳动生产力是由多种情况决定的,其中包括:工人的平均熟练程度,科学的发展水平和它在工艺上应用的程度,生产过程的社会结合,生产资料的规模和效能,以及自然条件。"[1]又比如,在讨论劳动过程的相关章节,马克思分析了劳动过程的三个简单要素,"有目的的活动或劳动本身,劳动对象和劳动资料"[2],这些思想成果,对于我们进一步研究劳动生产力的一般规定性,具有重要的指导意义。但是这还不够,在社会主义政治经济学体系逻辑起点上,需要有关劳动生产力的专门分析,需要更加深入而细致地展开分析。

劳动生产力,即人类以劳动创造(从自然获取)自身物质生活的能力。这是组织成为社会的人的能力,因此又称社会生产力。劳动生产力是一个高度抽象的经济学范畴,我们不能从现实世界直接观察劳动的生产能力,而只能通过劳动所做的工作来感知它。就像物理学功与能的关系一样,生产劳动过程与劳动的生产能力互为表里。生产劳动是人与自然的物质变换过程,劳动的对象是自然界,劳动的外部环境是自然界,生产劳动是人类面对自然不断进化的能动的适应性。人的适应能力是不断提高的,而且其提高的速度明显快于生物自然的进化过程。这不仅是因为人类的智慧发育达到

---

[1] 马克思:《资本论》第1卷,人民出版社2004年版,第53页。
[2] 马克思:《资本论》第1卷,人民出版社2004年版,第208页。

了一定高度，而且因为人类组织成为社会共同应对自然环境的变化，人类社会具有超乎寻常的记忆能力和知识传播能力。人类社会的劳动生产力表现为世代累积的知识，以及知识在劳动过程中的运用，因此不可更改地成为时间的增函数，成为不可逆转的进化过程。

说劳动生产力是社会现象，包含两层含义，首先，劳动生产力是人类社会的生产力，而不是劳动者个人的生产力。劳动生产力作为社会现象的另一层含义是：劳动生产力是人类社会知识积累的成果，而不是自然界力量的积累，不是作为自然进化结果的人类基因的进化。也就是说，劳动生产力是社会文化现象，而不是自然现象。人的先天的生理能力由基因决定，其自然演化以几万年、几十万年乃至数百万年为时间尺度，因此对更小时间尺度上的社会生产力演化没有解释力。生产力的变化包括技术变化和制度变化，二者都是人类社会的知识积累，前者是自然知识的积累，后者是社会知识的进化，都是时间的增函数，都具有负熵流的性质。也就是说，劳动生产力既是历史范畴，其发展与生物进化的共同点在于，它们都是进化适应性的表现；又是社会范畴，其社会进化的主体与生物进化不同，不是基因进化，而是文化进化。

生产力的进步会具体"物化"在生产要素上，主要是劳动资料的技术积累，劳动者的知识和技能，以及劳动组织的进步。其中，劳动者知识与技能的进步是生产力进步更本质更关键的环节。现代生产力越来越多地体现为"一般生产力"，即社会的科学知识的进步，创新劳动的积累。从宏观历史尺度的观察，人类社会的生产力可以依据人的能力的进步划分为三个阶段：(1)人的依赖性为基础的狭隘人群孤立发展的满足生存需要的生产力；(2)物的依赖性为前提的满足多方面需求的社会生产全面能力体系；(3)个人全面发展的社会共同生产能力。① 马克思这里所考察的人的能力，既包括个人

① 《马克思恩格斯全集》第46卷上册，人民出版社1979年版，第104页。

劳动能力,更强调社会劳动的组织方式和社会劳动的整体能力。

当代生产力处于人类社会进化的第二阶段,或称"第二大形态"。这个社会形态是以商品生产与商品交换的全面深入发展为前提的。这个过程对应着发展经济学所谓"工业化"。在工业化发动之前,农业社会分工有限,不可能形成普遍物质变换,因此对国内乃至全球市场的推动力有限,不可能通过分工深化推进劳动生产率持续提高,满足越来越多方面的需求,总之,社会不可能形成全面生产能力体系。工业化是第二大形态全过程的特征,工业化进程的生产力以机器生产为基本特点,机器代替人的劳动是一个连续过程,自动化和智能化是大机器生产的内在逻辑,至今依然是当代生产力发展的方向。只要这一过程未完成,职业专门化分工就是生产力发展的必需,劳动就依然是稀缺的生产要素,劳动时间就依然是物质财富的尺度,商品生产、市场经济就依然是社会生产的组织形式。

市场经济下的劳动生产力发展进程,表现为工业化过程。工业化是一个有较长时间的进化过程,又可以从时间上划分为若干阶段。发展经济学一般以产业结构的变化为依据,将工业化过程划分为工业化前期、工业化中期和工业化后期,在这之前和之后,还有前工业化时期与后工业化时期。现代演化经济学一般主张以能源与生产工具的变化为依据划分工业化的阶段。学者文一在研究中国工业化进程与世界上其他工业化成功国家的共性特点时,使用了强制工业化和自生动态工业化的概念[①]。从研究当代中国社会主义工业化进程的需要出发,我们借鉴文一的概念,用强制工业化、内生工业化与可持续工业化三个相互衔接的阶段来描述中国的工业化过程。我国改革开放以来的内生工业化阶段,又可以进一步划分为:乡村工业和轻纺工业阶段、重化工业阶段、高新产业阶段等若干分阶段。

---

① 文一:《伟大的中国工业革命》,清华大学出版社 2016 年版。

(二)劳动生产力量的考察

历史唯物主义认为,生产力的发展表现为一个方向不变的数量增加,而生产力的量变包含两个方面的内容:一方面是物质生活资料的数量增长与种类增加,表现为满足越来越多样化的需求;另一方面是劳动投入的效率的不断提高。作为劳动的能力或者效率的计量,劳动生产率是一个相当不错的指标。劳动生产率是物质产品与直接生产过程中的劳动投入之比。市场经济下,它首先是工业企业生产率,延伸到全社会物质生产过程,就表现为社会劳动生产率,即社会总产品与总产品生产中投入的全部劳动时间之比,用公式表达就是:$a = \dfrac{x}{C+L}$,我们称之为全劳动生产率。全劳动生产率的倒数就是单位商品的价值量 $w = \dfrac{C+L}{x}$,当 $x = 1$,商品价值量 $w = C+L$。式中 x 实质上是产出实物量,用总产品价格形式表达时必须使用不变价,或者干脆转换为购买力平价;分母 $C+L$ 则可以直接使用时间量,如劳动人年,或者劳动小时。但是以上公式的分子和分母在计量中又存在难点。

首先,劳动生产率的分子只反映劳动的产出数量,很难将需求多样化量化。不同商品的使用价值不能加总,同一商品的不同质量难以比较,这就决定了劳动产出社会总量的计量难题。面对这一问题,所有经济学流派都没有万全的解决办法。通常的办法是在社会商品结构不变的假定前提下用一个不变的价格体系计算社会总产出,进而用不变价计算的社会总产出变化来衡量财富实物量的增长,即所谓"一篮子商品"假定。当前经济统计中的总量指标,如 GDP 增长、人均 GDP 增长等,都是从这一理论假定出发的。马克思主义的劳动价值论不排斥统计财富实物量时的这一变通办法。与此同时,理论必须充分理解这种变通办法的局限性。

劳动生产率公式的分母统一用劳动时间尺度,但还是会面对不同质的劳动时间加总问题。虽然马克思在经济学理论上解决了具体劳动与抽象劳动质的转变和量的换算,但在劳动生产率实际计量中,仍然留下一些未解的问题,特别是在计算社会劳动生产率的过程中,作为公式分母的 C+L 如何确定,存在不同的可选方案。一个很实际的问题是,C+L 的数学表达意味着不同质劳动的加总,是用具体劳动时间加总还是以经过换算的同质抽象劳动时间加总?哪一种方法符合马克思主义经济的基本原理,更有利于反映现实经济的真实情况?

劳动生产力的计量难题还因为经济增长的动态性而变得更加难以处理。经济增长伴随着产业结构的演变,产业结构对全社会劳动生产率的影响,因为各产业部门价格变动与生产率变动的不一致,而具有独立的意义。工业化是一个社会劳动持续地由农业部门向工业部门转移的过程。由于工业生产的劳动生产力相对于农业生产持续地以更快速度提高,这个过程同时也表现为社会劳动生产力的持续进步。工业化进程不仅在时间尺度上表现为社会劳动生产力的持续进步,而且也因工业化在空间尺度上的扩张而持续地进步。因此说,工业生产的外延扩张不仅是社会物质产品总量的增长,而且也是社会劳动生产力总体水平的攀升。这个过程一直到工业化后期,后工业化阶段才会发生变化。这一阶段,以制造业为主体的第二产业占社会总产出的比例趋于稳定甚至下降,新产业的扩张表现为第三产业的比例增长,而以服务业为主的第三产业生产力进步很长时间内会慢于第二产业,它的外延扩张不再同时表现为社会劳动生产率的提高,至少从统计数据的表面看是这样。

与此不同,所有生产部门的内涵发展都与劳动生产力提高直接相联系,或多或少地表现为社会生产力一定程度的提高。不仅工业和农业生产部门的情况是这样,而且第三产业中以生产性服务或生活性服务为产出的各部门情况也是这样。所有这些部门都有通过技术与管理创新提高效率增加产出的内在冲动。在市场竞争中,这种冲动必须转换为外在强制而得以强化。

将这一冲动转换为生产现实的手段包括协作、分工、机器生产和自动化、智能化等等。市场竞争的创新激励与资本相对剩余价值生产相结合，是工业化进程中劳动生产力发展的历史性特征，其不断"超越出发点"①的性质是自人类有史以来最为独特也最具活力的新现象。内涵发展是工业化进程中劳动生产力发展的基本特征和主导形式。但是，不能据此而认为，资本主义发展到以相对剩余价值生产为主的阶段，其生产关系与生产力发展相互适应，不再有矛盾冲突。当代资本主义的问题恰恰是，资本不断超越出发点的性质，与资本积累规律和一般利润率下降趋势导致的对生产力发展的阻碍同时存在，造成生产关系与生产力更加尖锐的矛盾。因此，突破资本主义桎梏的社会主义市场经济才是历史选择之必然。

马克思对直接生产过程中影响劳动生产力的主要因素有过概括的分析，但社会生产总过程诸因素也对劳动生产力有直接或者间接的影响。以一个国家社会的整体为观察范围，影响社会生产力的因素绝不仅仅在直接生产过程中，并不是只有生产过程中的劳动者素质、生产工具质量与规模以及劳动组织方式，才是影响社会生产力的因素。在直接生产过程之外，流通过程中的劳动，包括纯粹流通性劳动，也都以这样或者那样的方式影响社会生产力。交通运输的速度和效率直接影响生产力，这是不言自明的。企业的营销活动，尽管它本身是非生产性的，但它有可能影响企业的生产规模，影响企业产品的实现程度，因此影响企业的财务效率，甚至直接影响企业的生产效率。当代中国劳动生产力的快速提高，与改革开放以来我们在基础设施建设方面的巨大成就密切相关，基础设施的投资和建设就是生产力。金融领域的活动同样影响到社会生产力，特别在我们这样一个发展中大国的工业化初期，原始资本严重短缺成为工业化起步的主要瓶颈，如何组织社会资本，如何引导居民储蓄，如何在较短的时间内提高整个社会的资本积累

---

① 参见《马克思恩格斯全集》第 46 卷下册，人民出版社 1980 年版，第 34 页。

水平支持百废待兴的国家工业化,如何利用信用制度提高生产力,这是一个新兴社会主义国家的金融体系支持实体经济发展的第一要务。成功的工业化需要有为政府,国家发展战略的制定对成功至关重要,国家在工业化进程的每一个阶段,及时地调整发展战略和产业政策,引导工业化的持续发展,国家通过产学研结合的科技政策,通过惠及全民的教育和医疗政策,提高国家的科技水平和国民素质,通过恰当的社会政策保障社会的和谐和安定,所有这些,对一国劳动生产力的持续提高具有不可或缺的重要作用。一国经济发展中的国际贸易环境和国际债务环境,国家参与国际经济的意志和方式,也会对国家的工业化进程造成重大的甚至决定性的影响。总之,劳动生产力的研究是立体的,涉及时间和空间的动态研究领域。

三、劳动社会关系

劳动社会关系即生产关系,指社会生产总过程中劳动者之间,以及劳动者与其他社会成员之间的权力和利益关系,其核心是劳动占有关系,包括对自身劳动的占有和他人劳动的占有、对劳动手段的占有和对劳动产品的占有。这种权力与利益关系贯穿在生产、流通、分配、消费的全过程。因此,劳动社会关系是覆盖经济生活全部的理论范畴,在历史唯物主义范畴体系中处于中心和枢纽地位。

这些占有关系的总和便构成一个社会的所有制。生产资料所有制是所有制关系的核心内容。生产资料的所有者掌握生产的控制权、产品的分配权,进而成为社会经济关系的主导者,其对权力与利益的攫取决定生产关系的性质,左右着生产关系的变化方向,进而也决定了社会生产关系在什么范围、何等程度上与社会生产力适应或者不适应。在阶级社会中,剥削阶级以占有劳动者的剩余劳动为自身利益来源,因此,剩余劳动的占有方式与劳动生产力兼容性决定生产关系与生产力的适应性。在生产关系与生产力相适应的历史时期，二者会在渐进的量变中相互促进，共同演进。不适应生产力发展需要的生产关系会与社会生产力产生日益尖锐的矛盾，使得变革社会生产关系成为历史发展特定阶段社会矛盾的主要方面。但是，变革何时何地以何种方式发生，却更多依赖于阶级力量的对比，要等待代表先进生产力的社会力量的积聚和其他内外部条件的配合。有时候这一过程会极其漫长，使得社会生产力长期停滞。

生产关系或者所有制关系是高度抽象的经济学范畴。我们在现实的社会关系层面所能观察到的是一种人与人之间的权利关系、意志关系，即所有权关系，这种关系包裹着法律的外衣，被解释为法律承认的经济关系。事实上，由于人与人关系交互影响的特征，所有权关系具有明显的意志关系形式，"我拥有某物之所有权，则别人皆不拥有该物之所有权，除我之外所有的人都承认我对此物的排他性权利，自由的交易才能得到社会全体的认可"。这不仅仅是人对物占有的事实，而且是人与人之间的权利意志，是每个人遵从的社会规则，这是一个由社会意识编织的关系网络。由于事涉千百万人相互影响的意志关系，网络一旦形成便具有超乎寻常的稳定性和韧性①。正如某位制度经济学家所言，这里存在的是"主观际客观性"——它不以任何个人意志为转移，而成为个人生存其间的社会制度的基础性安排。这种意志关系的稳定性造就整个社会意识、社会文化系统的稳定性；进入阶级社会以来，又产生了国家这种垄断性暴力机构来维护和强化既有的法权关系。因此，若非"地动山摇"的社会革命，一个社会基本的产权制度很难重塑。在马克思看来，由以上这种法律制度确认的权利意志关系，是客观存在的所有制关系的外在形式，所有制关系即全部生产关系的总和，它绝不是观念形态的存在，而是实实在在的经济权力

---

① 斯蒂格里茨称之为"社会构念"，参见《增长的方法》，中信出版社 2017 年版，第 365 页。

和利益关系,它是形式由以表现的内容,没有这个内容,形式就不复存在;内容变化了,形式也一定跟着变化。

生产关系的演变有其自身逻辑,那就是不同经济利益的社会集团博弈均衡的逻辑。自有阶级社会以来,这种博弈均衡总是稳定在一些阶级统治和剥削另一些阶级的状态。只要阶级力量没有根本改变,基本的利益格局、基本的经济制度就不会改变。但是,生产关系量的调整,甚至部分的质变仍然会经常地发生。问题是,利益博弈的逻辑与生产力发展的逻辑并非总是"和谐相处"。在历史的进程中,它们有时候相向而行,也有时候渐行渐远,其中,统治阶级利益与生产力发展要求的背离是矛盾冲突的根源。那么,在承认二者的发展都有自身逻辑,而并不总是具有一致性的前提下,应当如何理解历史唯物主义的一元史观?

劳动生产力与劳动社会关系的划分依据是功能性的,而不是结构性的。社会经济系统的所有环节都具有双重功能,因此很难在现实经济中观察到纯粹的生产力或者纯粹的生产关系,任何经济现象都可以从两方面理解,并且这两个方面总是相互影响的,或者相互促进,或者相互制约。对每一个局部、每一个阶段而言,矛盾的主要方面是可以相互转化的。发展生产力更重要,还是变革生产关系更关键,只能具体问题具体分析,历史唯物主义从来不会给出一成不变的答案。但是,如果我们讨论的是历史发展的长期趋势与必然规律,那么生产力一元史观①始终成立,而且由人类社会全部历史事实充分证明。这种历史哲学意义上的单向度关系取决于生产力与生产关系演化逻辑的差异性。作为社会现象,二者同样具有进化适应性,但是生产力的进化适应性面对外部自然环境,其进化表现为人类自身能力的进化,而不是外部环境的进化。因此生产力具有独立的进化方向。生产关系的演化也需要适应环境,但它不是直接面对自然,而是面对进化着的社会生产力。其

---

① 普列汉诺夫:《论一元论历史观之发展》,三联书店 1961 年版。

利益格局的变化、力量对比的变化都直接受制于生产力的发展,特别是劳动组织方式的变化。生产关系演变中积累知识的主体不是社会整体,而是不同的社会集团,这些集团随着利益格局的变化而变化。因此,虽然利益博弈有其自身规则,但博弈演化的过程并没有自己独立的时间矢量和连续的历史进程,相反,它只能以生产力的进步间接地当作进步的标尺。可见,问题不在于社会现象发生的先后次序,关键也不在于历史进程中矛盾主要方面经常的转换。问题的关键是历史方向的识别,从这个意义上说,马克思主义的历史观只能是一元的。

生产关系与生产力之间存在着劳动组织方式这座相互联通的桥梁。直接生产过程的生产方式有三个基本维度:生产的技术特征、劳动的组织方式以及所有权(产权)关系。所谓劳动组织方式,包括劳动的分工和协作,劳动的计量和监督,以及劳动的规划与协调等,它涉及劳动过程中人与人的关系。劳动组织方式并非纯粹的生产关系范畴。分工与协作,涉及劳动力的配置和劳动的组织协调,与劳动的工艺学或者工程学密不可分,是生产力不可分割的组成部分。一方面,生产劳动的组织包含着大量工艺性技术性成分;另一方面,人与人之间的社会交往又脱不开权力和利益关系的网络。有关分工、协作的讨论,对劳动的计量和劳动的规划也同样适用,劳动的计量基于效率的考量,劳动的规划着眼于生产力的组织,这些无疑都是劳动生产力不可或缺的组成部分。但是,谁来计量?由谁规划?计量的标准怎么定?规划的目的是什么?这些又由生产资料的所有制决定。因此在劳动组织方式中,生产力和生产关系不可分割地交织在一起。这部分内容在经济学范畴的分类上究竟属于生产关系还是生产力,很难有断然的结论。张闻天早年曾经指出:生产技术并不等同于生产力,技术只有在社会过程中被组织被运用才能发挥生产功能①。一方面,生产关系具有两重性,它既具有组织生

---

① 张闻天:《论生产关系的两重性》,《经济研究》,1979 年第 10 期。

产的功能,对生产的能力与效率产生决定性影响,又有要素所有权和财富分配功能,构成社会经济关系的主要内容;另一方面,社会生产力也具有两重性,它既包括技术要素,也包含组织要素。在生产力与生产关系之间存在相互覆盖的中间地带,劳动组织方式既是生产关系的组成部分,也是生产力不可缺少的基本要件。

就此处讨论的主题而言,更加重要的是:正是在这个相互交织的复合地带,历史唯物主义所主张的劳动生产力对于生产关系的逻辑因果链,具有最清晰的表现。生产的技术与组织以劳动投入的效率为导向协同进化,成为劳动组织方式演变的主因。这一协同过程尽管也会出现曲折和反复,但从人类社会的整体和历史发展的长期看,效率进化不会逆转。进而,劳动组织中的产权关系必须适应这一进化的要求。产权制度的变迁虽有自身逻辑,但它必须与劳动组织方式接轨,否则生产便无法进行。违反生产力进化逻辑的产权制度总会出现,或者因旧制度跟不上技术与组织进化的步伐,或者因制度变迁偏离了生产力进化的方向,但与生产力不相适应的产权制度破坏效率,由于经济体内部的竞争以及经济体之间的竞争,它迟早会被更高效的产权制度打败并取代。在这里,社会经济诸因素的互动性始终存在,但从全球经济的大范围和历史演化的大时间尺度看,主导因素和矛盾主要方面毋庸置疑。

将此观点用于分析 20 世纪以来东方社会主义的历史进程,历史的必然性与偶然性的辩证统一十分清晰。成功领导了俄国十月革命的布尔什维克最先面临的问题是:经济落后的俄国能否成功建设社会主义?列宁给出了正确的答案:我们可以利用适合现代生产力发展的社会主义制度促进俄国经济与社会发展,而不必等待生产力发展到世界前沿,然后再在俄国发动社会主义革命。但是关于这个适合生产力发展的社会主义究竟是怎样的,苏联共产党人的回答并不令人满意。现在看来,其错误的根源在过于强调了所要建设的生产关系的"先进性"，而忽略了先进生产关系的本质特征恰恰在于适应生产力发展的要求。苏联社会主义的蓝图是从经典文献的若干预测性片段中摘取，而不是从现代生产力的基本事实中引申出来的。苏联共产党人不能全面理解现代生产力的历史性质，没有注意到马克思在《资本论》手稿中所讨论的商品交换、价值生产消亡的历史条件[①]，因此也不可能认识到，大科层体制下的强制工业化（计划经济）只具有社会主义原始积累阶段暂时的、有限的合理性。东方社会主义者，从列宁到邓小平，经历了70余年的实践探索，才逐步理解了包含历史偶然性与必然性在内的唯物史观要义，将社会主义生产关系真正与当代生产力的发展要求有机地结合到一起（社会主义市场经济）。而这个结合过程正是社会主义政治经济学研究的基本内容。

四、以劳动作为社会主义政治经济学的逻辑起点

我们将平等劳动视为中国特色社会主义政治经济学的主体范畴与核心范畴。因此，劳动范畴顺理成章地成为理论体系的逻辑起点。劳动包含了劳动生产力和劳动社会关系二因素，当代社会主义的历史特征表现为平等劳动的社会关系与工业化进程的有机结合。

平等劳动是劳动的特殊历史阶段的劳动社会关系，在此之前，劳动的社会历史形式曾经经历过奴隶劳动、农奴劳动、雇佣劳动。社会主义的平等劳动是生产资料公有制条件下劳动者之间的生产关系。随着社会生产力的发展，平等劳动终将转化为共产主义社会的自由劳动。平等劳动的历史特殊性需要由当代生产力的历史特殊性来说明。一方面，平等劳动扬弃雇佣劳动的阶级对立性质，形成劳动者阶级内部以劳动为尺度的平等关系，是因为

---

① 参见《马克思恩格斯全集》第46卷下册，人民出版社1980年版，第217—219页。

当代生产力高度的社会化和全球化受到资本主义私人占有的狭隘的生产关系的桎梏,其发展的可持续性丧失。另一方面,平等劳动在一个相当长的历史时期内还不能强行突进到共产主义的自由劳动,是因为当代生产力还不够发达,物质财富没有充分涌流,因此劳动具有明显的稀缺性;职业专门化的分工、直接生产过程中劳动者对于机器系统的从属地位,导致劳动者个人不愿意超出满足个人消费的必要劳动时间为社会提供剩余劳动。因此,社会财富还需要以劳动时间为尺度。平等劳动的存在是由社会生产力决定的,无论是它的形成,还是它的突破(扬弃),都不能单纯依靠革命者的勇气和信念。

20世纪崛起的东方社会主义,产生在一系列后发国家追赶经济的关键时刻,这些东方国家的马克思主义政党在夺取政权后面临的最大问题就是发展生产力。以劳动作为理论体系的起始范畴,社会主义政治经济学从一开始就可以讲劳动生产力与社会主义生产关系的辩证法,将此置于分析的中心位置,可以从当代中国生产力发展的要求出发,来解释为什么只有社会主义才能够救中国,只有社会主义才能够建设中国,来解释社会主义的平等劳动关系何以具有历史的必然性。可以从社会生产力持续发展的进程观察社会主义平等劳动的演化进程,据以分析其发展的阶段性特征、阶段划分的依据,以及制度演化的一般规律和内在逻辑、它的历史趋势、它的未来走向,等等。

参考文献:

[1]马克思.资本论[M].北京:人民出版社,2004.

[2]马克思恩格斯全集[M].北京:人民出版社,1979.

[3]文一.伟大的中国工业革命[M].北京:清华大学出版社,2016.

[4]斯蒂格里茨.增长的方法[M].北京:中信出版社,2017.

[5]普列汉诺夫.论一元论历史观之发展[M].北京:三联书店,1961.

[6]G.A.柯亨.卡尔·马克思的历史理论——一个辩护[M].岳长龄,译.重庆:重庆出版社,1989.

[7]孟捷.历史唯物主义与马克思主义经济学[M].北京:社会科学文献出版社,2016.

[8]张闻天.论生产关系的两重性[J].经济研究,1979(10).

建立社会劳动生产力
函数的一个尝试①

由于多种多样的使用价值没有统一的计量尺度,不可以一一加总,社会范围的全部使用价值总量严格地说是无法计量的。劳动产出在社会范围的总和不可得,则作为全社会劳动投入产出效率的社会生产力也无法计量。马克思的社会劳动生产力概念没有清晰的数理表达。这对于马克思主义经济学的数理化发展总归是一个不便。但事实是,这一理论困难对于其他经济学范式也同样存在。新古典经济学利用"帕累托效率"克服(准确说是绕过)这一理论难题。那么马克思主义经济学能不能利用这一理论工具形成社会劳动生产力的数理表达呢?本文尝试借鉴新古典经济学"帕累托效率"的合理成分,建立马克思主义的社会劳动生产力函数,并且从与新古典效率理论相比较的角度,对社会劳动生产力函数的基本性质及其理论优势,作了初步讨论。

当代马克思主义政治经济学体系建设需要借鉴和利用西方经济学各个学术流派的有益成果,但是借鉴和利用不等于原样照搬。由于基本观点和基本方法的不同,去伪存真的批判与改造不仅必须,而且要花很大力气,一句轻飘飘的"可以借鉴",是不解决任何问题的。本文是这方面的一个初步尝试,从正反两方面深入分析了"帕累托效率"对马克思主义劳动生产力理

---

① 原载于《教学与研究》2017 年第 7 期。

论的借鉴意义,进而提出马克思主义的社会劳动生产力函数,并初步讨论了这个函数的基本性质。

一、效率的一般概念,由费用与效用计量困难引出的分歧

效率是投入与产出间的数量关系,它表示以更少的费用取得更多效用的基本的目标取向,用函数关系式表示即:

$E = (u, c) (dE/du>0, dE/dc<0)$

不管经济学的理论体系存在着何等巨大的差异,这个基本的认识大家其实是一致的。

但是,效用与费用的计量是一个相当复杂的问题,几百年来经济学家们始终没有取得一致意见。无论是效用还是费用都存在异质性相加的难题,人类物质生产所耗费的包括各种自然资源、人工生产性资源,以及人力资源,即人自身的劳动力,它们是明显异质的,很难找到统一的计量尺度。产出品对人的使用价值的异质性更加明显,一头牛与一匹布的效用如何相加,一担米与一颗宝石的效用究竟谁大,经济学家们在这些最"简单的"问题面前莫衷一是。

由于效用与费用计量上的困难,以及诠释中各种可能的歧义,不同的理论体系出于不同的理论目的对效率的表述表现出极大差异性,这是本文以下分析的着眼点,我们选择了作为古典经济学效率理论之结晶的劳动生产力范畴,以及作为新古典主义理论基石之一的帕累托效率做分析对象,试图从两者的比较研究中找出进一步完善经济学效率理论的途径。

二、马克思的效率理论:劳动生产力与劳动生产率

古典经济学用投入与产出间的数量比来表示效率。单位投入的产出越多则效率越高,单位产出的投入越少则效率越高,这不需要任何经济学训练就能理解。马克思的劳动生产力理论是古典效率论的最高成就,认为人的劳动能力是生产效率的本质,以单位劳动时间的产出量,即劳动生产率作为度量劳动生产力的指标,其主要特点是:

1. 将劳动当作唯一的基本投入量,从而把生产过程的效率归结为人的活动的效率。在马克思的公式中,全部资本品的耗费被归结为物化劳动的投入,甚至自然资源的稀少性也通过探寻、搜集与占有所需要的劳动量来衡量,这样,马克思就为自己的效率概念建立了一元的投入量标,确立了劳动生产力在其理论体系中的轴心地位。马克思的逻辑是彻底的,既然生产力是人与自然的关系,是人类从自然界摄取自身物质生活的能力,那么,相对于自然而言,生产中人所能够投入的也就只有人自身,只有人类自己的生命活动了。生产力"只决定有目的的生产活动在一定时间内的效率"[1]。从人与自然的关系看,除人之外的一切,本源上说都是通过劳动来摄取的对象。需要强调的是,由于一元的投入量标,马克思使用的劳动生产率概念与工业统计中的活劳动生产率明显有别,马克思所指的是产品生产中全部劳动投入量的生产率,其分母不仅包括最终产品生产中的活劳动投入,而且还包括了生产资料生产中投入的劳动量分配在该产品上的份额。劳动生产率是商品价值量的倒数。[2]

2.应用加权平均的方法计算单个产品的社会劳动生产率,体现了劳动

---

[1] 马克思:《资本论》第1卷,人民出版社2004年版,第59页。
[2] 荣兆梓:《总要素生产率还是总劳动生产率》,《财贸研究》,1993年第3期。

生产率的社会性质。马克思从不回避相同产品个别劳动生产率的差异性，在他看来，个人与个人之间、企业与企业之间在生产的技术、组织，以及所占用的自然资源的丰度等方面的差别，是社会生产效率的固有特征，是反映社会生产现实可能性的重要因素。因此，一个劳动生产率随着社会生产规模的变动而变动的生产函数，与其理论体系完全可以兼容。但是马克思更重视个别劳动生产率的加权平均数，重视特定产品社会总量与其生产中劳动总投入的比例.用公式表示就是：

$$P_i = W_i / L_i$$

式中 P_i 为产品 i 的社会劳动生产率，W_i 为产品 i 的社会总产量，L_i 为产品 i 生产中的社会劳动总投入。正是这个平均数反映了个别劳动生产率的社会联系，一个社会生产的技术特征、组织效能，以及劳动者的总体素质与一般能力，都要在这个平均数中得到说明。特定产品的社会劳动生产率反映了该产品生产效率的社会属性，它的倒数被称作产品生产的社会必要劳动时间。社会劳动生产率不是一个技术性范畴，不是自然科学的对象，它是一个包含了科学、技术、制度、组织等多方面内容的社会科学范畴。

3.在单个产品劳动生产率的基础上建立社会劳动生产力的概念。在马克思那里，劳动生产力经常是与劳动生产率概念通用的，特别在讨论个别产品的生产效率时是这样，但在讨论社会生产的总体效率时，马克思一般只用劳动生产力，而不用劳动生产率概念，二者的区别又很明显。根据古典效率观，用单位劳动的产出量来标示社会生产效率，是最适宜不过的。但是马克思认为不存在计量使用价值社会产出总量的统一尺度，不同产品具有不同的使用价值，有自己特殊的计量单位，相互间既不能比较又不能加总，全部社会产品总使用价值的数量表示是困难的。因此马克思选择了衡量社会劳动生产力的另一途径，即在分别考察单个产品社会劳动生产率的基础上，建立社会劳动生产力水平的综合概念。用公式表示就是：

$$E = E(P)\{P = (p_1, p_2, p_3, \cdots, p_n)\}$$

社会劳动生产力 E 为全社会所有单个产品劳动生产率的有序数组 p 的函数。由于在一个时点上每一个 $P_i(W_i/L_i)$ 都有确定的量,因此 p 是数向量,在 N 维向量空间中是一个位置确定的点。

4.将劳动生产率进而劳动生产力视为时间的增函数。任何产品的社会劳动生产率都是随时间而变动的量,因此,作为其集合的社会劳动生产力也一定是时间的增函数。马克思认为:"劳动生产力是由多种情况决定的,其中包括:工人的平均熟练程度,科学的发展水平和它在工艺上应用的程度,生产过程的社会结合,生产资料的规模和效能,以及自然条件。"[1]很明显,除自然条件外,这些因素都具有历史的累积的性质,因此马克思把劳动生产力看作时间的增函数,认为在历史的大时间尺度上,劳动生产率的变动方向始终是向上的。由于 P_i 是时间的增函数,因此加入时间维度,点 P 渐次向远离原点的方向移动,社会劳动生产力的发展就依赖于这个点的轨迹来描述。这一表述至少符合《资本论》第 1 卷马克思关于社会劳动生产力的最初的定性表述,并且与所谓第一种含义的社会必要劳动时间相吻合。严格地说,函数 E 只具有序数性质,它仅仅表示一社会生产力发展水平的高低,究竟高出多少,低了多少,很难有一个合意的量度指标。因此,社会劳动生产力增长几个百分点或者增长几倍的说法,都是没有意义的。但是生产力高低的序列是清晰的,随着时间的推移社会生产力水平不断提高,这一点也是确定无疑的。因此,马克思的社会生产力概念能够用作人类历史的量标,成为社会发展的指示器。而这正是马克思全部经济学研究的历史哲学基础。

三、帕累托效率:贡献与局限

在新古典经济学的发展中,帕累托最早根据人际间主观效用的不可比

---

[1]　马克思:《资本论》第 1 卷,人民出版社 2004 年版,第 53 页。

性，提出他的关于社会集体的最优状态概念：在一个由多人组成的集体中，只要还有可能增加某些人的满足而不减少任何人的满足，最大限度的满足就没有达到，而一旦达到不减少某些人的满足，任何人的满足也不能增加这个限度，经济科学就达到了它所能理解的社会集体的最优状态，再往前走必然遭遇人际间效用比较的理不清的歧义。这个帕累托最优状态后来就被人们称作"帕累托有效率"，成为新古典经济学的基础性范畴。

从效用之数量测度的意义上说，帕累托有效率包含了对早期边际主义理论的双重突破。首先，从主观效用论的性质出发，帕累托给出了一个效用度量的序数结构，不同商品或者商品组合之间只有偏好次序的差别，X 偏好于 Y，Y 偏好于 Z，但究竟 X 比 Y 大多少，Y 又是 Z 的几倍，这些话语都毫无意义。因此，以数量之间的可加性与比例性为特征的定量分析结构，对于主观效用论来说是不适用的，序数效用论必须取代基数效用论。因此，正如希克斯首先指出的那样，诸如总效用量、边际效用以及边际效用递减这些概念，都应当从现代经济学的理论框架中清除，作为替代的应当是边际替代率和边际替代率递减规律等与序数效用理论相匹配的理论范畴[1]。也就是说，效用的绝对量是没有意义的，有意义的只是异质效用之间的相对变动。

其次，从社会福利是个人效用增函数的假定出发，帕累托运用序数效用与状态集合的概念突破了异质性效用相加的僵局，使得这个问题的研究合乎逻辑地向前迈进了一大步。按照主观效用理论，虽然异质品的个人偏好是可比的，但不同个人的主观偏好仍然是绝对异质的，不可比的。帕累托从这样的一个基本前提出发，在所有可达到的社会福利状态集合中区分了两种情况，其一是还有可能增加某些人的满足而不减少任何人的满足；其二是如不减少某些人的满足任何人的满足也不能增加，并且合乎逻辑地指出，后一状态子集优于前一状态子集。这样，在承认异质品相加不可能性的前提

---

① 参见希克斯：《价值与资本》，商务印书馆 1982 年版，第 16 页。

下,某些社会福利状态的优劣却是可比的。现代经济学用一个多维商品空间中的向量集合来表达这一概念,在资源禀赋既定的前提下,存在一个社会福利可达状态的向量闭集,这一集合与其补集之间的边界被称作社会福利可能性边界,它是社会福利可达状态集的子集,被称作帕累托最优状态集合,这一集合中的每个元素在经济学的效率评价上都是等价的。

帕累托的效率理论也可以用一个向量函数表示:$E = E(w)$。E 的取值范围为 0 或者 1,1 为有效率,0 为无效率;设 W 为社会福利可达状态集,w 的取值范围在 W 内;设 X 为帕累托最优状态集,X 属于 W。该函数的解为:

当 w 属于 X,$E = 1$

当 w 不属于 X,$E = 0$

帕累托效率是在对市场交易的考察中抽象出来的概念,它可以简单地定义为"无法进一步再作互利交易的配置状态"。不难理解,帕累托效率是亚当·斯密关于市场经济基本信条的形式化与精确化,斯密认为,在看不见的手的指导下,市场主体"追求自己的利益,往往使他能比在真正出于本意的情况下更有效地促进社会的利益"[1]。但在他那里,看不见的手只是一个形象的比喻,帕累托最优却具有严密的逻辑结构。因此,新古典主义在帕累托效率的基础上建立了现代福利经济学的两大基本定理:(1)竞争均衡是一种帕累托最优,(2)任何竞争均衡都能由帕累托最优实现,从而论证了市场经济的合理性与有效性。

然而,帕累托效率在理论上的有用性并不仅仅局限于分析交换过程,对于生产过程,帕累托效率同样是一个有效的分析工具,甚至对于计划经济下生产过程的效率评估,它也是可以大有作为的。"在计划经济中,当生产的大概轮廓决定时,效率观点就发生作用了。一个效率高的计划是这样一个计划,即在一定时间和一定物质资源的条件下,其他东西不少生产些,一种

---

① 亚当·斯密:《国民财富的性质和原因的研究》下卷,商务印书馆 1974 年版,第 27 页。

物品就不可能多生产些。"①琼·罗宾逊在这里使用的还是帕累托效率概念。现代经济学的生产可能性边界概念是一个生产经济的帕累托最优，它规定了在一定的资源与技术条件下，一个社会生产可能达到的最大界限，在这个边界上，"其他东西不少生产些，一种物品就不可能多生产些"。再进一步，在一般均衡理论中，整个社会经济被看作一个统一的交换经济：商品的交换，资源的交换，以及从投入品到产出品的物质变换（生产也被当作交换来处理）。在全社会的生产函数与需求函数的同时的瞬间的均衡中，帕累托效率再一次显示出它的有效性。

帕累托最优是经济学解决"异质性"问题的有效工具。尽管这个概念可以用于讨论单个商品的市场均衡，但它不可替代的理论功能还是在多商品、多主体或者多部门经济的领域。现代经济科学并未推翻古典经济学关于不同使用价值不可加总的命题，在这里，使用价值（或曰效用）的客观性与主观性的分野并未使问题的结论有丝毫变化。帕累托找到了将异质性元素置于同一数学模型之中的巧妙方法，尽管分析仍然受到若干限制，但经济学毕竟因此而前进了一步。帕累托作为一名经济学家的功劳是不可抹杀的。

与此同时，人们也不应忽视帕累托效率在理论分析中的局限性，特别是，人们不应当将它看作经济学效率理论的全部内容或最高成就。帕累托效率是一种均衡效率或者说静态效率，它要求在经济运行的某种理想的均衡状态下实现。正如几乎所有的经济学家所一致赞同的，均衡，无论是生产的均衡，分配的均衡，还是生产与分配的全面均衡，全都只是经济运行的一种趋势，现实的经济运动有一种内在的力量要趋近于它，但是理想的均衡状态从来就没有实现过，并且大概永远也不可能真正实现。根本的原因在于，现实的经济运动还存在另一种内在力量，那就是冲破均衡的力量，或者用熊

---

① 琼·罗宾逊：《现代经济学导论》，商务印书馆 1982 年版，第 344 页。

彼特的更加生动的术语,一种"创造性毁灭"的力量。社会经济从来就是在这两种力量的交互作用中发展的。片面强调一种力量而忽视另一种力量的经济理论或者效率理论必然有它的局限性,这可以说是帕累托效率的先天性不足。

帕累托效率在资源禀赋既定的前提下讨论配置的最优性问题,它要求给定分析范围之内的全部生产函数与需求函数,因此对它来说,可支配资源的数量与质量是外生变量,生产的技术条件与制度环境是外生变量,资源在不同社会阶级或阶层间的初始分配也是外生变量。只有在所有这些前提条件不变的情况下,帕累托最优状态才是可以确定和可以辨认的。不难判定,这些条件只有在短期的均衡分析中才能得到满足,超出这个范围,帕累托有效率作为一个分析工具的有效性就逐步减弱。直观地,人们相信,制度变革、技术进步以及资源禀赋的初始分配都可能对社会经济的效率产生积极的影响,但是这里所说的效率却与帕累托效率在概念上不相容,或者至少可以说,它们不能为帕累托效率概念所涵盖。人们用创新效率、分配效率等概念将之与帕累托严格定义的配置效率相区分。可惜有关这类效率的分析在新古典经济学的理论体系中始终是不被重视的分支,事实上它们的理论含义至今没有被充分说明。

人们试图通过时际均衡的概念将帕累托效率的分析运用到长时段,甚至无限的时间范围,在一般均衡的叠代模型中,人们已经证明了帕累托最优或帕累托次优的存在。但在几乎所有这些新古典经济学的代际分析中,经济条件的变化或者变化规律都是预先给定的,人们通过"理性预期"、价格"贴现"等等,使得未来"现在化",或者人们假定,未来年代的所有生产函数和需求函数都是现在已知的,至少可以假定其为已知的,因此,某种时际间的均衡状态是可以描述的。不难看出,经济学迄今使用的仍然是经典物理学的时间概念,这种时间的基本特点在于它的"可逆性",人们可以从现在精确推算未来,也可以从未来的某一时点精确地倒算出现在,乃至倒推出过去的任何一个时点上的情况。这种绝对决定论的时间概念,在现代物理学中也已经显得陈旧。有机体的进化,人类社会的发展都具有不可逆的时间维度,这已经为现代生物科学、人类历史科学的发展所充分证明。历史是必然性与偶然性的统一,其发展路径不断地出现分岔,总是存在多种可能性,一个时期的平稳发展孕育着下一个时期的突变,在一次又一次突变中前进的历史不存在可计算的轨迹、可重复的路径。制度经济学所谓"路径依赖"的概念部分地揭示了这一规律。新古典时际均衡模型的根本悖论是,生产函数的变化说到底是技术创新与制度创新的结果,而创新的含义恰恰在于发现事先不了解、未掌握的东西,创新是人类不断向未知领域的进军,它是不可能事先给出函数关系式的。

要将充满创新的历史过程纳入考察范围,经济科学绝不能仅仅依赖帕累托效率这一种分析工具。

四、生产可能性边界与社会劳动生产力:两种效率工具的结合

以上我们给出了两种效率函数,它们的差异是很明显的:第一,从函数本身的定量结构看,马克思的效率函数是序数结构,它可以对不同的生产力水平进行效率高低的排序,帕累托的效率函数则只能区分有效率与无效率两种状态,不具备序数标量的性质,因而不能对效率进行历史的比较;第二,从自变量的特征看,马克思的效率函数是时间的增函数,而帕累托的效率函数则只是福利状态的函数,本质上与时间的变动无关。因此说,劳动生产力理论适于考察不同历史时期生产效率的差异性,而帕累托效率则适于判定同等历史条件下不同资源配置状态有效与无效。两种效率相辅相成,在一

个科学的理论体系中应当是互为补充的。

马克思劳动生产率理论中的加权平均数概念往往受到现代经济学家的非难,认为它抹杀了个体之间、企业之间的差别,没有反映社会生产力的动态特征。其实,这种批判并未抓住要害。在《资本论》第 1 卷分析的起点上,马克思首先假定社会消费结构既定,社会产品的供给与需求恰好一致,因此,单个产品的劳动生产率只能是给定的量。然而严格地说,把所有单个产品的劳动生产率都看作独立的量,不考虑它们之间的相互影响,这不是马克思理论观点的完整表述。在《资本论》第 3 卷讨论第二种社会必要劳动含义的过程中,马克思明确提出了以下观点:(1)每种产品的总产量受社会对该产品总需求的制约,整个社会的产出结构受社会需求结构的制约;(2)社会总劳动在各个不同生产领域的分配,受社会需求结构制约,假定社会总劳动量既定,劳动在一种产品生产上的投入增加,在另一种或者多种产品生产上的投入就会减少,商品生产的社会必要劳动时间事实上是受社会商品的需求结构影响的。① 联系到马克思在有关利润率平均化的章节中,关于商品的不同生产条件与商品个别价值的讨论②,以及有关地租的章节中,关于土地丰度与劳动的个别生产力的讨论③,我们知道马克思对不同生产个体或生产单位的个别劳动生产率差异有着充分的理解和深刻的把握,他知道单个产品的社会平均劳动生产率会因其社会生产规模的变动而发生显著变化,这就是所谓产品生产的规模效应。因此,马克思的分析框架完全能够容纳这样的思想:社会需求结构的变动通过影响不同商品的社会生产规模而必然地影响到商品生产的社会平均劳动生产率。把单个产品的劳动生产率看作独立变量是不准确的,用加权平均所得的劳动生产率来表达单个商品的生产力也是不严密的。社会生产单个产品的能力,应当体现在一系列效率各

---

① 参见马克思:《资本论》第 3 卷,人民出版社 1975 年版,第 716—717 页。

② 参见马克思:《资本论》第 3 卷,人民出版社 2004 年版,第 205 页。

③ 参见马克思:《资本论》第 3 卷,人民出版社 1975 年版,第 721 页。

异的个体或者企业生产力的有序组合中，即使在一个特定时点上，它也应该由一个反映产量与劳动投入量变动关系的生产函数 $w_i = w_i(l_i)$ 来表达，函数图像不是一条从原点出发的半直线，而是一条从原点出发的形似 S 的曲线，即在一般情况下，生产函数表现出先是规模收益递增、然后又递减的特征。单个产品的生产力应当由这个生产函数来描述，它在不同的产量规模上表现出不同的平均生产率。

马克思的劳动生产力理论应当用这样的生产函数作更准确的表述，相应地，马克思的社会劳动生产力函数也可以在单个产品生产力函数的基础上重新构建：

$$E = E(\{w_i\}) = E\{w_1(l_1), w_2(l_2), w_3(l_3) \cdots w_n(l_n)\}$$

只要给公式一个社会劳动总量的约束条件：$l_1 + l_2 + l_3 \cdots l_n = L$，我们就可以导出社会生产的可能性边界 **X** 了。用这个帕累托最优状态集合表示社会生产力，就有：

$$E = E(\mathbf{X})$$

这是一个向量集合的函数，向量集合 **X** 包含了一个社会在特定历史时期所能生产的各种产出品组合中，所有"其他东西不少生产些，一种物品就不可能多生产些"的组合。一般来说，这种组合有无数多个，其中每一个都部分反映了该社会生产力水平，但只有其全体才真正表明社会生产力的全貌，反映了对于任何一种社会需求结构，社会生产力所能满足的最高水平。

当然，单靠这个函数还不能进行效率比较。大国的生产可能性边界一般总在小国的"外边"，但大国的生产效率未必总比小国高；一个主要靠增大资源投入而增长的经济，即使与主要靠提高要素生产率而增长的经济有着相同的生产可能性边界，两者的效率也不可能是完全相同的。为使不同地区、不同国家以及不同历史时期的生产可能性边界能够相互比较，有必要把不同社会生产力函数的劳动投入约束条件调整为相同，也就是说，我们需要一个"单位劳动人口生产可能性边界"概念。假设将 1,000,000 人×标准工作年作为一个劳动总量单位,即用百万人口标准工作年作为 L 的计量单位,对上述生产力函数中属于 **X** 的每个向量 **w** 作 w/L 处理,则有单位劳动人口生产可能性边界 **X**/L,以及由它所表示的社会生产力函数:

E=E(**X**/L)

由于总投入量经过换算,这个函数的产出可以在不同社会或不同时期之间进行比较。

对于同一时期的不同国家或者不同地区来说,产出品的维数大体是相同的,因此经过上述处理的不同生产力函数就可以放在同一商品空间中进行比较。当两条"单位劳动人口生产可能性边界"恰好重合,我们就说两地区(或两国)的社会生产力处于同等水平。但一般情况下生产可能性边界完全重合几乎是不可能的,即使是生产力水平非常接近的两地区(或两国),交叉重叠仍然是普遍现象,它反映了地区之间、国家之间生产力的比较优势。这就是为什么在现实的国际比较中,人们不可能给处于相近水平的各国生产力明确排序的原因。但是,假如 A、B 两国的生产可能性边界没有交叉,并且至多只有部分重叠,那么,两国生产力水平的高低就是可以明确判定的,如果 B 国的生产可能性边界处于 A 国的生产可能性边界之内,我们就说,A 国的社会生产力水平高于 B 国。在这种情况下,社会生产力函数的序数性质就显示出来了。

同一国家或同一地区不同时期的生产可能性边界很少交叉的可能性,因为在同等生产规模上产品劳动生产率发生历史性退化的情况极为罕见。因此,在这种场合,用单位劳动人口生产可能性边界表达的社会生产力函数,其序数性质就更为清晰,它在生产力水平比较上的作用也更为显著了。只要两条生产可能性边界不相交,也不完全重合,区分哪条在内,哪条在外就是可能的,这种内外差别就是一种次序,经济学将之称作"弱序",它反映两个生产力函数值的高低。这就是我们所说的生产力函数的序数性质。对于一个社会不同时期的生产可能性边界来说，这种次序关系始终存在，因此这个现代形式的生产力函数仍然是时间的函数，它随历史的发展而增值，是时间的增函数。

我们把表示一国社会生产力水平的生产可能性边界随时间推移而发生的形态变化，称作生产可能性边界的"外移"，毫无疑问，它标志着社会生产力的不断提高。值得注意的是，由于采用了单位劳动人口的概念，社会劳动人口的增加对生产可能性边界的外移不发生直接作用（只通过生产的规模效应发生间接作用），这个社会生产力函数的增值原因完全与马克思在《资本论》第一卷中所分析的社会劳动生产力提高的原因相同，技术的创新与制度的创新是生产可能性边界外移的最基本的推动力。因此，研究"外移"问题，核心是研究技术进步与制度变革，这正是马克思主义经济学所关注的重心。

从形式上看，$E=E(\mathbf{X}/L)$ 这个函数表达式完全符合古典效率概念，表现为"总产出"与总投入量之比。但在这里，总产出不是由各种产品产量加总而得的数量概念，甚至也不是把所有异质的产品量一一列出的数向量，它是一个向量集合，是一个由帕累托最优状态界定的产出品组合集。从这个意义上说，它又具备标准的现代经济学特征。当然，这个函数中的总投入计量方式是完全古典的，并且是马克思式的，它采取劳动时间的一元量标，表现为社会总劳动量。这是古典效率与帕累托效率相结合而产生的新概念。毋庸讳言，这不是马克思在《资本论》中对社会生产力的表述方式，但笔者相信这样的表述丝毫也没有违背马克思的基本观点与基本方法，相反，由于引入了新的数学概念，由于吸收了现代经济学的思想成果，马克思理论体系中的这一核心范畴被表述得更加完备了。函数 $E=E(\mathbf{X}/L)$ 完全可以被视作马克思劳动生产力概念在现代条件下的数学表述。

五、社会劳动生产力函数的基本性质：一个初步的讨论

将本文引入的社会劳动生产力函数用于效率分析，可以看到以下一些特点：

第一，它为社会福利可达状态集合中的所有状态划定生产力等级，从而修正了帕累托分析中将有效与无效的区分绝对化的逻辑。因此，它能够兼容效率改进的两种形式：帕累托改进与非帕累托改进。

图1以曲线X与纵横坐标轴围成的图形是二商品模型中的社会福利可达状态集合，X是它的可能性边界。按照帕累托效率的分析方法，集合内所有不在X上的点都表示无效率状态。这是有效率与无效率绝对对立的观念，完全抹杀了二者间差别的相对性和过渡性。这是与经济生活的常识不一致的。社会生产力函数与此不同，它把社会福利可达状态集看作生产可能性边界不断向外扩张的结果。其成长过程留下历史的"年轮"，形成无数道清晰可辨的按时间排序的生产力"等高线"。因此，可达状态集被区分为无数效率水平不同的区域。它们依次从坐标原点的"无生产能力"一直排列到代表当前最高生产力水平的X曲线。

这样，社会劳动生产力函数就不仅能够说明资源配置的帕累托改进，而且能够说明资源配置的非帕累托改进，图上点P为一个资源配置状态，过P点作分别平行于纵横轴的直线将平面划分为四部分。在帕累托的效率分析中，左下方的阴影部分中任何一点，至少有一个元素的状态不及P点，也就是说，P是它们的帕累托改进；右上方阴影部分中任何一点，至少有一个元素的状态比P点好，它们对P点来说都是帕累托改进。但非阴影部分的情况就不同了，帕累托的分析框架无法分辨它们与P点的关系。尽管有人提出了非帕累托改进的概念，认为非阴影部分的X曲线上各点，对P来说是非

帕累托改进。但这一概念没有触及生产可能性边界 X 之外的大部分区域，并且在帕累托效率的框架里，能否证明某些状态是对 P 点的效率改进也是有疑问的。用生产力函数进行效率分析，问题就清楚了，函数给出了历史形成的与 P 点处于同一生产力水平的所有产出向量，它们形成一条以往某时点曾有过的生产可能性边界，P 正落在这条边界上。只有边界上各点才与 P 在效率上等价，界内各点表示比 P 更低的生产力，界外各点则表示比 P 更高的生产力。当代表更高社会生产力的点落在非阴影区域时，我们说它们是对 P 的非帕累托改进，就是说，它们尽管不符合不减少任何一种产出，而至少有一种产出增加，这个帕累托改进的要求，但的确又体现了比 P 更高的社会生产力。

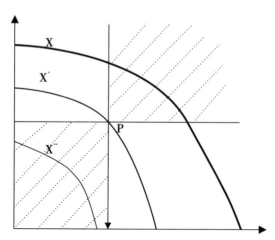

图 1　历史形成按时间排序的生产力等高线

请注意，生产力等级不等于效用等级，等生产力曲线也不是效用无差异曲线。马克思的效率理论着眼于生产效率的考察，他从一开始就没有在物质产品多大程度满足个人与社会需要，这个看似重要，而事实上无法解决的问题上纠缠，而把注意力集中到单位劳动投入的物质产品量上；他不依赖于主观效用函数，而将产出物的计量直接建立在产品物理量的基础上。现在看来,有关社会范围的效率考察,这种方法仍然是最简明而实用的,既然经济学无法解决社会福利函数的难题,大家又承认绝大多数正常商品的社会效用是其物理量的增函数,那么追求物质财富的极大丰富总是一个合理目标,社会生产力函数就是这样一个产出极大化的函数。事实上,在马克思看来,人类历史至今仍处在生活必需品相对匮乏的阶段,在这个历史阶段中,物质资料生产的增长与社会福利的增长总体上是一致的,尽管有时候生产与福利严重脱节,但历史总能找到解决自身矛盾的出路。生产力表示一种可能性,只要这种可能性在增长,则人类福利增长的可能性也就增长。因此历史唯物主义为生产可能性边界的每一次"外移"欢呼,把生产力的提高直接当作是价值判断的标准。

第二,它把帕累托分析中的同时态问题转换为历时态问题,即用发展的观点看待效率,从而把实现均衡与突破均衡作为同一过程的两个不可分割的方面,置于统一的分析框架之内。

以上给出的二维模型中,效率的提高可以从两层含义上理解,首先是生产可能性边界之内的点向可能性边界移动,其次是生产可能性边界自身的外移。但是,在作为函数自变量的时间间距足够小的情况下,或者当赋予函数连续的,而不是离散的性质的情况下,对于一个历史地形成的生产可能性集合来说,集合内的任何一点都必然落在以往某一历史时期的生产可能性边界上。从界内一点 P 向边界 X 的移动,同时也就成了从旧边界 X' 向新边界 X 的移动。模型将同时态问题历时化,将瞬间均衡转化为历史的发展。这是一个包含着深刻理论内蕴的重要特征。

首先,劳动生产力函数是建立在瞬时均衡的基础上的。我们知道,帕累托效率要求经济系统的若干外生变量为既定,即所有经济主体的需求函数既定,系统的技术条件既定,初始的资源禀赋既定。系统的均衡在这些条件给定前提下自然形成。毫无疑问,在现实经济中这些变量的既定不变,只有在考察期间足够短时才能近似地满足,说它是瞬时均衡并不夸张。社会劳动生产力函数不是对瞬时均衡的否定,相反它正是建立在瞬间的生产均衡基础之上的,它的每一条可能性边界都代表了一个瞬间生产力,它们是特定时点上既定的资源,技术与制度条件的结果。

但是,社会生产力函数又不满足于瞬时均衡的分析,它把注意的重点放在由无数瞬间组成的历史过程。不同的生产可能性边界代表生产力发展的不同历史时期,它们的资源、技术与制度条件也完全不同。无论是物质资源的技术与制度特征,还是人自身的技术与制度特征,都随着时间的变迁在不断地变化,或者说随着历史的发展而在不断地进化,社会生产力函数利用密布其向量空间的无数条生产力等高线反映这个历史过程。因此,生产可达集上的任一向量都代表了它所在的那个历史时点的特定经济条件下的特定均衡,它所以未能达到当前的生产可能性边界之上,只能由它所在的那个时期落后的技术条件,或者落后的制度环境来加以说明。在这个函数上,效率提高是历史的进化,甚至资源配置效率也只能由资源配置机制的先进或者落后来说明。

第三,它将分析的视野扩展到生产可能性边界之外,尽管未来生产可能性边界的形状不可预知,但边界的突破,即创新的实现始终是这个模型的内生变量,它意味着新的社会生产力的不断形成。

X固然是"最外层"的生产可能性边界,代表了当前最高的社会生产力水平,但它绝不是函数给出的最优效率状态。劳动生产力函数是没有最优状态可言的,作为一种动态的分析模型,它对生产力的考察着眼于增长,着眼于技术创新、组织创新,即着眼于生产可能性边界的外移。当然,处在当前的历史条件下,我们不可能预知今后生产可能性边界的形状,甚至也不知道当前的生产可能性边界将在何时何地被突破。社会生产力函数与新古典的需求函数不同,它不可能事先给出全部的"生产力无差异线",既有的生产可能边界记载着迄今为止的历史,而未来的每一条生产力无差异线都需要未来的创造。历史在其发展中不断丰富模型的内容,但它永远也不可能穷尽这个模型。

社会劳动生产力函数的最大理论魅力在于,它将由创新推动的历史发展内生化。在一个最简明的只包括生产资料与生活资料两大类商品的理论模型中,我们就可以看到,形成特定时期资源禀赋所需要的社会商品量,与这个资源禀赋所形成的生产能力之间存在着差距,前者总是落在其对应的生产可能性边界之内,它与实际产出之间的差额,就是经济学所谓的经济剩余,或者用马克思更准确的术语,就是剩余劳动所生产的剩余产品,剩余产品可以因为人口的增长被消耗,也可以因为非生产性的消费而被销蚀。但在超出这些消耗之外,它可以被用于提高资源禀赋的技术或者组织条件,即用于提高生产资料的质量以及用于提高劳动人口的素质。剩余产品在这方面的使用,必然造成生产可能性边界外移的张力,只要经济剩余没有被全部浪费,这种张力的积累迟早会导致旧均衡的破裂和新的生产力的诞生,这个结论完全是马克思式的,在马克思看来,社会生产力的最优状态就是它的不断增长,而经济效率的终极边界是不存在的。

早在新古典主义兴起之初,熊彼特、杨格等人就对这个分析框架忽视市场经济"创造性毁灭"作用的局限性提出了深刻的批评。一位精通新古典又熟知马克思的学者奥斯卡·兰格,晚年总结其全部学术生涯,曾说过一句至理名言:"所谓的最优配置是第二位的问题,而真正重要的是对提高生产力(积累和技术进步)的刺激。这是'合理化'的真正含义。"①这个评论对于新古典主义来说极有针对性,而他的"批判的武器"则毫无疑问地来自马克思。

---

① 奥斯卡·兰格 1964 年 8 月 14 日致一位现代学者的信,转引自约翰·伊特韦尔等编的《新帕尔格雷夫经济学大辞典》,经济科学出版社 1992 年版,第 140 页。

参考文献：

[1]马克思.资本论[M].北京:人民出版社,2004.

[2]杰文斯.政治经济学理论[M].北京:商务印书馆,1984.

[3]希克斯.价值与资本[M].北京:商务印书馆,1982.

[4]琼·罗宾逊.现代经济学导论[M].北京:商务印书馆,1982.

[5]萨缪尔逊.经济学[M].第14版.北京:北京经济学院出版社,1996.

[6]阿隆.社会学主要思潮[M].上海:上海译文出版社,1982.

[7]约翰·伊特韦尔,等.新帕尔格雷夫经济学大辞典[M].北京:经济科学出版社,1996.

[8]荣兆梓.总要素生产率还是总劳动生产率[J].财贸研究,1993(3).

总劳动生产率还是
总要素生产率①

　　劳动生产率是包含着产品生产中耗费的全部活劳动和物化劳动的总量劳动的生产率。而传统的理解则认为劳动生产率只是表征活劳动效率,这不仅不符合马克思的原意,而且造成理论上和实践中的种种矛盾和缺憾。同时,总劳动生产率的实际计算过程中存在困难也是导致人们用活劳动生产率代替劳动生产率的原因之一,解决此问题的途径是运用活劳动系数和物化劳动系数。值得强调的是,建立在劳动价值论基础上的增长方程与新古典增长方程虽然在形式上颇为相似,在实质上却存在着较大的差别。

　　《资本论》理论乳汁哺育下成长的一代经济学者,使用总要素生产率之类范畴作实证经济分析时,难免存在疑虑。作为分析工具,总要素生产率的实用性和有效性是显而易见的。这是否证明劳动价值论乃至马克思的全部经济科学已经过时,因而我们长期的理论探索都是沙滩上的游戏,注定要毁于一旦？笔者认为西方经济学所谓总要素生产率概念(Total Factor Productivity)的输入和日益广泛的运用,的确是对我国经济理论界的一大挑战,但它同时又是一个积极的推动力,推动我们去重新审视对一些基本理论范畴的传统理解,使我们有可能纠正长期存在的误解。总要素生产率的变动幅度其实不过是劳动生产率变动幅度的近似值,而我们对马克思的劳动生产

---

① 原载于《财贸研究》1992 年第 3 期。

率范畴长期存在的误解却妨碍我们认清这一点。马克思的经济科学并没有过时，但是，对其基本范畴的误解足以削弱乃至破坏它的分析力度和逻辑魅力。

一、劳动生产力是否包含活劳动和物化劳动的总量劳动的生产率

劳动生产率作为劳动生产力的基本数量指标，被表述为产品实物量与产品生产中劳动耗费量的比率，其基本表达式为：$a = \dfrac{W}{A}$。根据定义，分子与分母的取值必须严格遵循相互对应匹配的原则：产品量 w 恰好是劳动时间 A 所产生的全部产品量，劳动时间 A 恰好是生产产品 w 所耗费的全部劳动量。因此，劳动生产率应当是包含产品生产中耗费的全部活劳动和物化劳动的总量劳动的生产率。

马克思的《资本论》第 1 卷明确指出："商品的价值量与实现在商品中的劳动的量成正比地变动，与这一劳动的生产力成反比地变动。"[①]如果承认这是马克思对商品价值量、劳动量和劳动生产力三者数量关系的科学表征，那么我们就有如下数学表达式：$G = \lambda \cdot A, G = \eta / \alpha$（G 表示商品价值量，$\lambda$ 和 α 是常数，分别为商品价值量与劳动量的比值，以及商品价值量与劳动生产率之倒数的比值）。由此还可推出另一表达式：$\alpha = \dfrac{\eta / \lambda}{A}$。很显然，体现在商品价值量和劳动生产率中的劳动量是同一个东西，如果商品价值量取决于生产中耗费的活劳动量 L 和物化劳动量 G，那么，劳动生产率的提高也不单纯是活劳动耗费的减少，而是作为活劳动和物化劳动总和的总量劳动耗

---

① 马克思：《资本论》第 1 卷，人民出版社 2004 年版，第 53—54 页。

费的减少。马克思本人肯定了这样的理解,他说,"劳动生产率的提高正是在于:活劳动份额的减少,过去劳动的份额增加,但结果是商品中包含的劳动总量减少,因此,所减少的活劳动要大于所增加的过去劳动。""一种新的生产方法要证明自己实际上提高了生产率,就必须使固定资本由于损耗而转移到单个商品中的追加价值部分小于因活劳动的减少而节约的价值部分,总之,它必须减少商品的价值。"①马克思的劳动生产率概念包含了物化劳动(或者说过去劳动)因素,这是毫无疑问的。

传统的理解认为,劳动生产率只是表征活劳动效率,这种理解只有在舍象劳动的空间与时间界限时,才是合理的。在此前提下,现时劳动与过去劳动的差别消失了,因此包括物化劳动在内的全部生产劳动都只是活的人类机体的运动。这恰好说明物化劳动与活劳动之间的区别本来就只有相对意义。一个场合以物化劳动形式出现的生产资料,在另一场合则是活劳动的产物;今天的物化劳动总可以归结为以往某一时间的活劳动。因此二者在本质上具有同一性,其区别和诸如机械加工与食品加工、纺织劳动与印染劳动的区别没有什么根本不同。那种以为劳动生产率只能是活劳动生产率,引进物化劳动因素便与劳动价值论相冲突,便大逆不道的观点,是毫无根据的。

问题在于:对任一特定的考察范围,物化劳动与活劳动的界限又总是存在的。任何生产过程都必须使用生产资料的形式消耗一部分物化劳动,除非把考察的起点推延到人类刚刚学会使用工具,并且从自然界直接摄取生活资料的蛮荒时代。② 举例说,在社会年产品生产中,当年投入的活劳动与以往积累的物化劳动就有明确界限。产品价值中的不变资本部分是物化劳动的体现,它在实物形态上表现为一年中被消耗生产资料的物质补偿,只要社会生产年复一年不停顿地进行,年产品的这一部分就是必不可少的。因

---

① 马克思:《资本论》第 3 卷,人民出版社 2004 年版,第 290 页。
② 参见马克思:《资本论》第 3 卷,人民出版社 2004 年版,第 952—958 页。

此，一定量产品生产中耗费的劳动量，总可以区分为物化劳动 C 和活劳动 L 两部分。传统的理解将劳动生产率定义为 $\alpha_L = \dfrac{W}{L}$，而不是 $\alpha_G = \dfrac{W}{C+L}$。这不仅不符合马克思的原意，而且造成理论上和实践中的种种矛盾与缺憾。

从理论上说，只要单位产品生产中耗费的劳动量分为物化劳动和活劳动两部分，不包含物化劳动耗费的活劳动生产率公式 $\alpha_L = \dfrac{W}{L}$ 就不能满足分子和分母对应取值的原则。分子 W 中包含着若干由过去提供的，无法从总使用价值量中扣除的使用价值量，作为分母的活劳动 L 无法与之相匹配，这是活劳动生产率概念的基本缺陷。由于使用价值没有，也不可能有统一的计量尺度，即没有可通约性。① 这个缺陷靠从产出物品的准确计量方面做文章是克服不了的。

由于物化劳动与活劳动界限的相对性，同一单位产品生产中耗费的活劳动，会随着考察范围的推移而反映出不同的量，上述缺陷在实际统计中会导致活劳动生产率数值的不确定性。例如，一单位色布生产的社会分工链如下（这里舍象了生产过程中除原材料之外其他生产资料的投入，但对结论不会有任何影响）：

如以整个加工业为考察范围，色布生产的活劳动生产率 $\alpha_{L_1} = \dfrac{1}{6}$，以纺织印染为考察对象，$\alpha_{L_2} = \dfrac{1}{5}$，以织染业为考察范围，$\alpha_{L_3} = \dfrac{1}{3}$，而单考察印染工人

---

① 参见马克思：《资本论》第 1 卷，人民出版社 2004 年版，第 74 页。

的劳动生产率,则 $\alpha_{L_4}=1$。可见,按照 $\alpha_L=\dfrac{W}{L}$ 的公式,考察所包含的社会分工链越长,活劳动生产率越低。如果这里考察的对象是企业,上述结论也可表述为:企业的垂直一体化程度越高,企业活劳动生产率越低。

结论显然是不合理的。其实,上述四种情况下的活劳动生产率,只是在表面上具有可比性。劳动生产力始终是具体有用的、具体的劳动的生产力。[①] 只有在劳动的具体有用性恰好相同的场合,它们生产的使用价值才有相同的性质,因而在量上可以通约,这时的劳动生产率才能相互比较。前述 L_1 包含了轧棉到印染四种不同的有用劳动,L_2 与 L_3 中包含的劳动种类递减,L_4 只包含了单纯的坯布印染一种劳动,因此四个场合劳动的具体有用性质只有部分重合(都包含了一定量的印染劳动),而在总体组合上不同,表面上看,四个场合的劳动产品恰好相同,实际上,L_1 在籽棉使用价值的基础上生产一单位色布,它新生产的使用价值,应当比在棉纱基础上生产同量色布的 L_3,或在坯布基础上生产同量色布的 L_4 所生产的使用价值多得多。可惜这些不同的使用价值没有统一的计量标准,不能通过在最终产出的使用价值中扣除所耗生产资料的使用价值,而取得特定生产过程产出的准确数量。因此,四个场合的活劳动生产率无法相互比较。

包含活劳动与物化劳动在内的总劳动生产率公式能克服这一缺陷。公式 $\alpha_G=\dfrac{W}{C+L}$ 在分母上增加了物化劳动量 C,它恰好与分子中本来多余又无法扣除的部分相对应,分母 C+L 包含了一单位产品生产中的全部劳动投入。由于这种对应性,特定产品的总劳动生产率,不会因所考察社会分工链的延伸或收缩而变化。在前述例子中,色布的总劳动生产率在所有场合都等于 $\dfrac{1}{10}$。

① 参见马克思:《资本论》第 1 卷,人民出版社 2004 年版,第 59 页。我们不否认不同使用价值生产中劳动生产率的变动幅度是可比的,参见《马克思恩格斯全集》第 26 卷第 2 册,人民出版社 1982 年版,第 87 页。

活劳动生产率指标的缺陷还表现在对实际生产效率考察的片面性上。活劳动生产率只是反映生产效率的总劳动生产率的一个局部因素，与之相对应的另一局部因素可称作"物化劳动生产率"（$\alpha_c = \dfrac{W}{C}$），它表征商品生产中所耗费全部物化劳动的经济效率。劳动一经物化当然不再生产。但是它在物化过程中却是生产的，正是物化劳动的这种曾经有过的生产性，使得物化劳动生产率取得了与活劳动生产率同等程度的重要性。总劳动生产率的提高取决于这两个局部因素的相互作用，而且一般说来，二者对总劳动生产率的影响力是相同的。单独考察活劳动生产率只能反映总劳动生产率的一个片面。一方面它将生产各种生产资料的劳动生产率完全排斥在视野之外，不要求以更便宜的生产资料去替代较昂贵的生产资料，另一方面它也不考虑节约生产资料的实物量，不考虑提高各种原材料、燃料和劳动资料的使用效率。总之，它把提高物化劳动生产率的任务完全忽略了。这种对劳动生产率的片面理解很容易导致现实生产中物质的浪费和低效率。

有必要特别指出的是，在经济发展水平较低的阶段，活劳动在社会年产品生产所耗全部劳动中占的份额较大，活劳动生产率的变动对总劳动生产率的影响较大。相反，物化劳动在全部劳动耗费中的比重较小，物化劳动生产率对总劳动生产率的影响也小。在此阶段，活劳动生产率的变动趋势大致与总劳动生产率的变动趋势一致。因此，忽略物化劳动而单独强调活劳动生产率，虽然在理论上有片面性，实践中还不至于造成太大的偏差。近现代工业的发展越来越倚重机器系统，物化劳动在总劳动中的比重逐步提高。[1] 活劳动生产率的变动幅度与总劳动生产率的变动幅度产生越来越大的差距，物化劳动生产率的重要性明显提高，已经成为活劳动生产率名副其实的平等伙伴，二者共同对总劳动生产率的提高发挥作用。考察当代生产

---

[1]　参见马克思：《资本论》，人民出版社 2004 年版，第 1 卷第 682 页；第 3 卷第 236—237 页。

力,而忽视物化劳动耗费问题,其片面性就更加突出了。

二、计算总劳动生产率的困难以及解决困难的途径

除了理论上的误解之外,实际计算中的困难也是人们用活劳动生产率代替劳动生产率的原因之一。为了纠正这一长期存在的错误,有必要弄清这些计算困难的实质,并且找出解决问题的途径。

抽象地看,劳动生产率的计算不存在不同种劳动相互换算的困难。劳动生产力始终是具体有用劳动的生产力,它不需要也不可能在不同种劳动之间作横向比较,因此,在确定的考察范围内,总是假定被考察对象的劳动有用性质是相同的,或者其有用劳动的构成是相同的。这就决定了计算劳动生产率,只需要将生产中耗费的实际劳动量简单加总,而不需要像在确定商品价值时那样,对不同强度、熟练程度和复杂程度的劳动进行换算,这里似乎不存在商品价值量计算中不同种劳动相互换算的难题。

这一结论是不现实的。既然单位商品的全部劳动耗费分为物化劳动与活劳动两部分,而劳动生产率的计算应当包括物化劳动,困难便无论如何也无法避免。任何一个现代企业都是通过市场进入社会分工体系的,它与上游产业的分工联系,通过购买上游产业提供的生产资料来实现。这些体现在生产资料价值中的上游产业的劳动,便是该企业产品生产中耗费的物化劳动。企业不能通过生产资料价值量确切了解物化劳动的数量,既不知道其生产中的社会必要劳动量,也不知道其生产中实际耗费的个别劳动量。这个个别劳动量已经通过市场价值的实现转化为社会劳动量,生产资料一经出售,其个别价值的差别便在社会价值中消融,"复原"它既没有可能,也毫无意义,因此说,特定生产过程所耗费的物化劳动量只能以生产资料的价值形式出现。公式 $\alpha_c = \dfrac{W}{C+L}$ 的实用性受到挑战,不同种劳动的通约问题,转

化为物化劳动与活劳动的通约问题了。

能否在商品交换价值形式上，将物化劳动与活劳动的计量单位统一起来，进而实现公式的计算呢？我们知道，包含在商品中的社会必要劳动量虽然不能直接计算，却能通过商品之间的交换比例间接地表现出来，如 1 吨小麦 = 50 米布，50 吨原煤 = 1 盎司金，等等，商品价值取得交换价值的外在形式，不改变商品价值的实质，更不妨碍价值规律在经济生活中发挥调节作用。但是，如果用商品交换价值取代劳动生产率公式的分母部分，公式的性质便发生根本变化。现在分数线上下是两种质上完全不同的使用价值，在量上不能通约。它们之所以被置于同一分式，是因为生产上耗费的劳动时间相同，但这个劳动时间是以无差别人类劳动的形式存在的，劳动生产率概念所体现的具体有用劳动的特殊性质及其效率的差别，都被"约分"了。因此说，以商品交换价值为分母的所谓劳动生产率公式，无论在形式上还是内容上，都是无意义的。劳动生产率的计算，不仅不能避免不同种劳动通约的难题，而且，在商品价值形式上用以绕开这一难题的途径也走不通了。

困难真的无法克服了吗？不是，前面已提到活劳动耗费在全部劳动耗费中的份额，我们把它称作活劳动系数，用公式 $\beta = \dfrac{L}{C+L}$ 表示。总劳动生产率可以用活劳动生产率与活劳动系数相乘的方法求得：$\alpha_G = \beta \cdot \alpha_L$。

相应地：我们把物化劳动耗费在总劳动耗费中的份额称作物化劳动系数，用公式 $1-\beta = \dfrac{C}{C+L}$ 表示，因此有计算总劳动生产率的另一公式：$\alpha_G = (1-\beta) \cdot \alpha_c$。

前一个公式较接近实际运用。第一，公式的一个因式 α_L 很容易取得，这一点不需要做更多说明；第二，公式的另一个因式 β，可通过商品交换价值中新增价值部分的比重近似地求得。例如，某煤矿年总产值为 1000 万元，其中净产值为 400 万元，则该矿产品生产中的活劳动系数可近似地确定为 0.4。如果企业活劳动生产率为 1 吨煤/工，按照公式，其总劳动生产率

$\alpha_G = \beta \cdot \alpha_L = 1 \times 0.4 = 0.4$（吨煤/工）。我们把按这种方法计算的总劳动生产率称作总劳动生产率（Ⅰ）。

这里强调计算的近似性。因为，第一，价格（包括投入品和产出品价格）只能近似地反映价值，由于供求不平衡，比价体系不合理，以及商品间接税的差别，等等，净产值在总产值中的比重与商品生产中的活劳动系数，总是有差距的；第二，按商品价值构成推算活劳动系数，假定生产中耗费的活劳动与物化劳动都是同质的社会必要劳动，因此与劳动生产率概念直接按个别劳动量计算劳动耗费的要求也不相同。但我们更强调这种近似计算的有效性：第一，计算活劳动系数与计算劳动生产率不同，这里以商品价值形式间接反映劳动量，尽管量上不够精确，但质上是等价的；第二，当我们用已知的活劳动生产率去乘活劳动系数时，活劳动的具体有用性质不仅没有被"约分"，而且被延伸到产品生产的全过程。由于在商品价值形式上计算的活劳动系数假定全部劳动耗费的同质性，它与活劳动生产率相乘的结果，使得全部劳动耗费都取得了这种活劳动的个性。

总劳动生产率计算中的另一个困难与不同种使用价值数量上不可比相关。一方面生产不同使用价值的经济单位的总劳动生产率不能作横向比较，另一方面，生产多种产品的单个经济单位的劳动生产率也不能从总体上衡量，但是这一困难在活劳动生产率计算中同样存在。人们按不变价格计算的产值指标代替产量指标的变通办法克服困难。用企业总产值除以全部活劳动耗费，就有所谓企业全员劳动生产率指标，推而广之又有全民所有制企业全员劳动生产率，轻工企业全员劳动生产率，食品工业全员劳动生产率等等。所有这些场合，指标之间的可比程度都取决于所谓"一种商品"的理论假定与实际情况的符合程度，或者说，取决于样本间产品结构的一致程度，产品结构的差异越小，全员劳动生产率的可比性就越大。这一变通计算办法同样适用于总劳动生产率的计算，也就是说，我们可以直接用现有指标体系中的全员劳动生产率去乘相应的活劳动系数,而取得总劳动生产率。我们把按这种方法计算的总劳动生产率称作总劳动生产率(Ⅱ)。① 下表只是一个简单实例,说明传统的全员劳动生产率指标何以造成判断的误差,以及总劳动生产率(Ⅰ)能在多大幅度内对它作出修正,这足以表明:用总劳动生产率概念去纠正对劳动生产率概念的传统误解是何等的必要。

1985—1986 年全国全民所有制独立核算工业企业总劳动生产率

单位:元/人·年

项目 年份	全员劳动生产率	比上年 增长%	净产值在 总产值中 比重%(现价)	总劳动 生产率	比上年 增长%
1985	15,198		33.65	5,114	
1986	15,451	1.7	32.22	4,979	−2.6

(资料来源:《中国工业经济统计资料 1987》,中国统计出版社)

三、建立在劳动价值论基础上的增长方程及其与古典增长方程的区别

将社会总产品看作有特定使用价值结构的"一种商品",其总产值(按不变价格计算)的变动反映这一产品实物量的变动。社会总劳动生产率 α 可用社会总产值 W 与这一种产品生产中耗费的全部劳动量(C+L)的比值表示: $\alpha = \dfrac{W}{C+L}$。

---

① 总劳动生产率(Ⅰ)似乎就是人均净产值。总劳动生产率(Ⅰ)= $\dfrac{净产值}{总产值} \times \dfrac{总产值}{劳动人数}$ =人均净产值。其实,
这个等式只有在两个总产值都以不变价格计算,进而净产值也按不变价格计算时才能成立。而根据前面的论述,活劳动系数应该用按现价计算的净产值比重表示,因此,以上等式不能成立。当然,人均净产值(不变价)可以看作总劳动生产率的近似值,它与总劳动生产率(Ⅰ)之间的误差率,可用下式表示:
$\dfrac{人均净产值 - 总劳动生产率}{总劳动生产率} = \dfrac{净产值(不变价)}{总产值(不变价)} \Big/ \dfrac{净产值(现价)}{总产值(现价)} - 1$

由此导出基本的生产函数 $W=\alpha\cdot(C+L)$

式中所有变量都是时间 t 的函数，$W_t=\alpha_t\cdot(C_t+L_t)$

将等式两边对时间 t 求导，$\dot{W}=\dot{\alpha}\cdot(C_t+L_t)+\alpha\dot{C}+\alpha\dot{L}$

两边同除以 W，$\dfrac{\dot{W}}{W}=\dfrac{\dot{\alpha}}{\alpha}+\dfrac{\dot{C}}{C+L}+\dfrac{\dot{L}}{C+L}$

再代入 $\beta=\dfrac{L}{C+L}$，整理，得：$G_w=G_\alpha+(1-\beta)G_c+\beta G_L$ （1）

其中 G_w，G_a，G_L 分别为总产值、社会总劳动生产率、物化劳动量和活劳动量的增长率。这就是我们根据劳动价值论提出的基本增长方程。式中活劳动系数 β 可由国民收入占社会总产值（现价）的比重表示，物化劳动的增加率可由所费不变资本①价格的增长率扣除物价水平变动因素而求得。

方程(1)与新古典增长方程在形式上极为相似。② 实质上，二者存在四点重大差别。第一，我们使用社会总产值作为核算经济增长的指标，而不像西方经济学那样以最终产品产值（或曰附加价值）考核经济增长。式中 W 不仅不同于 NNP，甚至也有别于 GNP，因为它不仅包括了全部厂房、设备等固定资产的折旧，而且包括了生产中耗费的全部物质形态的流动资产。总之，W 是马克思定义的社会年产品价值的价格表现，而不是他称作社会年价值产品的价格表现。③ 西方经济学认为，这样计算社会产品，包括了对许多中间产品的重复计算，因此不足为宏观经济分析的凭据。我们不否认国民生产净值在宏观经济分析中的重要意义，也不否认加入中间产品容易造成重复计算，但认为这不应成为否定以下事实的理由：社会年产品中包含着一个确定数量的"中间产品"，它是生产中耗费全部生产资料的物质补偿。如

① 本节使用的资本概念沿袭西方经济学的用法，仅指生产资料的价值形式，即马克思所称的不变资本。

② 新古典经济学的基本增长方程可表述为 $GV=GA+\beta GK+(1-\beta GL)$，其中 G_v，GA，G_k，GL 分别为附加价值、总要素生产率、资本投入和劳动投入的增长率，β 和 $(1-\beta)$ 是资本投入和劳动投入的产出弹性。

③ 参见马克思：《资本论》第 2 卷，人民出版社 2004 年版，第 418 页。

果承认,当年生产中实物形态的生产资料确实被(生产地)消费,并且物化在其中的劳动量构成当年劳动消耗的组成部分,那么,合乎逻辑的推论是,作为其物质补偿的生产资料是当年新生产的,物化在其中的劳动将为下年生产所消耗。既然方程的右边包含了物化劳动消耗量,方程的左边就没有理由排除生产资料产品量,否则,理论的逻辑一贯性何在!至于重复计算问题,也不是不能解决的。重复主要产生于同一物质要素在不同生产环节上被重复计算,专业化分工越细,生产环节越多,重复的程度就越严重。假如统计特定时点停留在生产过程中的全部流动资产,如有年初存货量,重复计算就不会发生。并且,无论专业化分工发展到什么程度,只要生产、流通稳定地持续地进行,维持简单再生产所需要的各种形式的存货量总是基本相同的。以这个存货量去乘以流动资产年周转次数,就有了它的年消耗量,也即年补偿量。把它加在国民生产总值(GNP)上,就得到本文使用的、不包含任何重复计算的社会总产值(W)。只有以这一指标与社会总劳动生产率匹配,才不违背本文一开始提出的劳动生产率计算中分子与分母对应取值的原则。

第二,方程中的 G_c 表示物化劳动消耗的增长率,与新古典增长方程中的 G_K 表示资本投入增长率不同。原则上说,物化劳动耗费的增长,应与所费资本的增长率相等(就其价值量而言),所谓资本投入的增长是包括所用资本在内的资本存量的增长,两者的差额,主要取决于流动资本的周转速度和固定资本在资本总量中的比重。

第三,系数 β 与 $(1-\beta)$ 分别表示活劳动与物化劳动在总劳动中的比重,而新古典增长方程中的同样符号,则表示要素产出弹性,其涵义完全不同。因此,方程(1)既不像新古典增长方程那样,以竞争均衡作为前提条件,也不像新古典增长方程那样,依赖于国民收入的分配状况。一方面,它有更大的适用范围,不仅适合于自由市场经济,而且适合于集中计划体制;另一方面,它有更纯粹的内涵,这是名副其实的生产力概念,由生产技术决定,要素价格以及各种要素收入在国民收入中的份额,对方程没有直接影响。

第四,由于以上这些特点,使我们有理由将方程(1)中的 G_α 明确定义为社会总劳动生产率增长率。这与新古典增长方程中的 G_A,即所谓总要素生产率增长率有重大差别。总劳动生产率与总要素生产率的理论涵义完全不同,前者反映单位劳动时间的产出量,后者反映单位价格生产要素的"产出量"。由于分子分母同样使用货币单位计量,总要素生产率采取指数形式。与同类型的指标,如资本利润率、资本系数等一样,总要素生产率是生产以利润为目的,以价值自行增殖为形式的历史阶段的特有现象。它重复"金生金蛋"的古老寓言,具有掩盖生产关系本质的功能。它的真实内容不过是商品价值组成部分之间的数量比(新增价值与成本价值的比率),因此从概念上说,与社会生产力的变动没有直接关系。但是在统计实践中,总要素生产率是按照不变价格计算的,同量价格大体反映相同的实物量,因此能反映单位产品生产中耗费的生产资料实物量和活劳动量(假设工资单价不变)逐步下降的趋势。在这个意义上,我们认为总要素生产率增长率具有总劳动生产率增长率近似值的意义。

根据以上说明可知,方程(1)中的 G_w 和 G_c 与新古典增长方程中的 G_v 和 G_K 有以下数量关系:

$$G_w = \frac{\dot{W}}{W} = \frac{(\frac{I}{\beta}Q)^{\cdot}}{\frac{I}{\beta}Q} = \frac{\dot{Q}}{Q} - \frac{\dot{\beta}}{\beta} = G_v - G_\beta$$

$$G_c = \frac{\dot{C}}{C} = \frac{(\sigma K)^{\cdot}}{\sigma K} = \frac{\dot{K}}{K} + \frac{\dot{\sigma}}{\sigma} = G_k + G_\sigma$$

Q 为最终产品产值,σ 为所费资本与所用资本换算率($\sigma = e - eu + \frac{u}{n}$,其

中 e 为流动资产年周转次数,u 为固定资本在资本总量中的份额,n 为固定资本使用年限);G_v,G_β,G_K,G_σ 分别表示最终产品增长率,活劳动系数变动率,资本存量增长率和资本换算率变动率。因此有:

$$G_v = G_\alpha + \beta G_L + (1-\beta)(G_K + G_\sigma) + G_\beta \qquad (2)$$

从方程(2)可见,影响最终产品增长的因素可分为四项,除了两种劳动耗费量的增长率和总劳动生产率的增长率之外,最终产品(国民收入)在总产品中份额的变动对增长也有影响。同时,资本存量增长对最终产品的影响,受到所费资本与所用资本换算率变动的制约。由于经济发展中 σ 和 β 都呈下降趋势,在多数年份,G_β 和 G_σ 为负值,G_K 的值大于 G_c,G_v 的值小于 G_w。由于相对于经济增长,β 和 σ 的变动幅度较小,当考察期间足够短时,可以假设 G_β 和 G_σ 趋近于零。这就是技术进步的中性假定。在此情况下,方程(2)可以简化为:

$$G_v = G_\alpha + G_F \qquad (3)$$

其中 $G_P = G_L = G_K$。只是在如此简化的层次上,总劳动生产率与总要素生产率的增长率才恰好相等。

$$G_\alpha = G_v - G_F = G_A$$

但不应该忘记,二者的理论基础和前提性假设是完全不同的。

参考文献:

[1]马克思.资本论[M].北京:人民出版社,2004.

[2]马克思恩格斯全集[M].北京:人民出版社,1982.

产权与制度

制度化的人际关系总是表现为权利和意志关系,其在经济制度中的表现,即生产关系与财产关系的辩证法。二者现实中不可分割,在理论上却可以明确区分。这种经济关系的"主观际客观性"是经济学研究必须牢记的特点,也是理解所有制和产权关系的难点所在。

本编收入两篇论文。第一篇循着上述思路讨论了马克思主义政治经济学的所有制范畴与新制度经济学的产权概念,厘清二者间的联系与区别,进而提出马克思主义制度经济学发展的若干原则意见。第二篇论文讨论了新制度经济学在国内广泛传播,在体制改革研究中普遍运用的原因,站在马克思主义经济学的立场分析了新制度经济学的适用性和局限性。

所有制、产权：
制度分析的对象与方法①

马克思主义制度经济学与所谓新制度经济学研究对象大致相近,因而所使用的理论范畴也有很多是相同或者相似的。其中最突出的一对范畴,就是马克思主义经济学使用的所有制范畴与新制度经济学频繁使用的产权制度范畴。二者的恰当定义和合理运用曾经困扰了整整一代经济学人,甚至也包括许多社会学家和法学家。当代中国马克思主义经济学对全部人类思想成果采取高度开放的态度,愿意吸收不同学术流派的合理成果,去启发和推动自己的理论创新。要实现这样一种兼容并蓄、为我所用的理论旨趣,原原本本地理解别人的逻辑,认认真真地用马克思主义方法去分析和解剖其逻辑,进而取其精华、去其糟粕才是唯一途径。本文首先站在马克思主义唯物史观的立场上讨论生产关系与财产关系的辩证法,进而以此为依据,对所有制和产权制度这两个来自不同理论范式的重要范畴进行深入的比较研究,引申出两种制度分析方法共性与差异的一般结论。

一、生产关系与财产关系

马克思使用特定历史形态的所有制来表征一个社会生产关系的总体特

---

① 荣兆梓:《公有制实现形式多样化通论》第 1 章,经济科学出版社 2001 年版,第 3—26 页。

征。很明显,这是一个带有财产关系色彩的经济学用语。为什么马克思要使用这样一个术语来描述经济关系呢? 要理解这个问题就必须讨论财产关系与生产关系的关系。以下的分析将表明,这里的讨论不仅对理解马克思主义所有制范畴的含义有重要意义,而且对正确理解现代经济学产权理论的合理内核也有重要意义。

首先,生产关系是财产关系的物质内容。尽管在包括政治关系、军事关系、文化关系、伦理关系、家庭关系等诸多方面的社会关系中,财产关系是最接近物质生产过程的关系,最具有经济色彩的关系,但就其本身而言,财产关系毕竟是一种权力与利益关系、以物为中介的人与人之间的意志关系。在马克思之前,已经有一些学者观察到或者感觉到财产关系对于理解人类社会本质的特别重要的意义。但由于不能理解财产关系与经济关系的内在联系与关系,而在解释历史发展的原因时最终归于失败。

俄国著名的马克思主义理论家普列汉诺夫在其名著《论一元论历史观之发展》中,对于历史哲学的这一发展阶段有过较详细的讨论。他先指出,法国复辟时代的历史学家已经注意到,无论是国家制度还是"民族的风习"二者间如何相互影响,"归根结柢(底)两者之存在都为第三个更深刻的因素所规定的,即'人们的公民生活,他们的财产关系'"。"依他们的意见,只有注意地研究这种公民生活、财产关系才能给予理解历史事变的钥匙。"但是普氏进一步指出,"人们的财产关系属于他们的法权关系的领域;财产首先是法权的制度。说理解历史现象的钥匙应该在人们的财产关系中去找寻,就是说,这钥匙是在法权制度之中。但这些制度从哪里来的呢? 基佐完全正确地说:政治宪法先是结果,然后才成为原因;社会先创造它们,然后才在它们的影响之下变形。但是对于财产关系难道不可以说同样的话吗? 难道社会不应该先创造它们,然后才受它们的决定性影响吗? 对于这些合理的问题,基佐答复得极度不能令人满意。"①"在最后的分析中基佐对所有权形式的发展异常模糊地引用人的本性来解释。"②

普氏接着又讨论德国历史法学派的观点,指出他们在坚决反对18世纪以立法者的行动来解释法学史的错误倾向中制定了历史法学的新观点:"任何法权产生于(按一般应用而非确切的用语)所谓习惯法,即它开始时为人民的习惯和信仰所产生,然后才为法学所产生;这样,它到处为内部的暗中起作用的力量所创造,而不是为立法者的自由意志所创造。"萨尔文使用"人定法"这个概念来说明自己的观点,"人定法生活于人民的一般意识中,因此,我们亦可称之为人民法"。"人定法是人民的精神所创造的,这种精神生活于和作用于它的个别成员,因此人定法不是偶然地而是必然地是在各个个别的人的意识中的同一的法。"③普氏指出,"'人民的精神','人民的意识'是历史法学派上诉的最高法院"。这完全是从唯心主义的观点来解释历史过程。④

最后,普氏指出,是马克思在前人研究成果的基础上迈出了最关键性的一步。马克思的历史观点是:"在特定的生产力状态的基础上形成着一定的生产关系,这个生产关系在人们的法权概念中,在或多或少'抽象的规则'中,在不成文的习惯和成文的法律中形成自己的观念的表现。"⑤以下普氏引用了马克思的著名论断:"社会生产力在发展的一定的阶段上就和这个社会存在着的生产关系——或用法律的语言说,所有权关系——发生矛盾,生产力在此以前是在关系中发展起来的。这些关系从促进生产力发展的形式,变成了它的障碍。这时候社会变革的时代就到来了。"马克思给出的是一个解释人类社会历史过程的基本图式:社会生产力决定社会生产关系,而

---

① 普列汉诺夫:《论一元论历史观之发展》,三联书店1961年版,第19页。
② 普列汉诺夫:《论一元论历史观之发展》,三联书店1961年版,第21页。
③ 普列汉诺夫:《论一元论历史观之发展》,三联书店1961年版,第123页。
④ 普列汉诺夫:《论一元论历史观之发展》,三联书店1961年版,第124页。
⑤ 普列汉诺夫:《论一元论历史观之发展》,三联书店1961年版,第138页。

由生产关系的总和构成的社会经济结构（即经济制度），是包含法律、政治和全部社会意识形态的上层建筑竖立其上的现实基础。生产关系的变动要从生产力的发展中去寻找解释，生产关系是生产力变动的函数；整个社会生活、政治生活和精神生活的特点都可以从社会经济结构中得到解释，它们是生产关系变动的函数。当然，对于这种彻底唯物主义的一元史观，不应作绝对化的理解，政治制度和法律制度对经济制度有反作用，社会意识对于社会经济结构也会产生极其重要的影响。机械决定论的观点是不可取的，这种观点认为有什么样的生产力发展水平就有什么样的经济制度，二者具有像经典物理学那样完全确定的一一对应关系。任何具体经济制度的产生都有相当复杂的生成机制，包括很大程度的偶然成分，一种制度一旦形成，还会产生其自身特有的发展和演变规律，这些都不能机械地用生产力状态来作解释。生产力对生产关系的"决定"作用与自然选择之与物种进化的作用相似，它在一个大样本长时间的选择中"决定"不同制度安排或制度结构的优劣、成败，适应更高生产力的制度成功的概率更高，因此比其他制度更加优秀，这就是历史发展最终以生产力发展为唯一量标的原因。

这样马克思就从两个方面解决了前人试图用财产关系或"市民社会"解释历史未能解决的问题：一是财产关系的本质，二是财产关系形成的原因。财产关系本质上是一种经济关系，或者说是经济关系的法律用语；它的形成只能从社会生产力的发展中去寻找原因，它的变化也只有用适应生产力发展的要求来加以说明。生产关系是财产关系的物质内容，而生产力则是生产关系进而财产关系发展与变化的终极原因。这就是隐藏在财产关系背后的全部物质关系的内容，离开这些物质内容，有关财产关系的理论研究就只能停留在权利或意志关系的现象形态的表面，只能求助于精神与意识来加以说明。①

其次,财产关系又是生产关系的表现形式。人类社会的生产关系,是具有独立意志与独立利益的人与人之间的相互关系,是通过人的有意识的活动实现的,因而生产关系总是表现为生产活动中人与人之间的权利关系与意志关系,而这种生产过程中人的权利与意志关系从广义上说也就是财产关系。人们无法绕过对财产关系的观察直接进入对生产关系的研究,就像不能绕过任何一种事物的现象而去把握它的本质一样。马克思在讨论商品交换关系时曾经说过:"为了使这些物作为商品彼此发生关系,商品监护人必须作为有自己意志体现在这些物中的人彼此发生关系,因此,一方只有符合另一方的意志,就是说每一方只有通过双方共同一致的意志行为,才能让渡自己的商品,占有别人的商品。可见他们必须彼此承认对方是私有者。这种具有契约形式的(不管这种契约是不是用法律固定下来的)法的关系,是一种反映着经济关系的意志关系。这种法的关系或意志关系的内容是由这种经济关系本身决定的。在这里,人们彼此只是作为商品的代表即商品占有者而存在。"②马克思在讨论商品交换关系中指出的法权关系与经济关系的辩证关系,在社会生产的任何一个过程中都同样存在。这就决定了生产关系与财产关系无论在事实上还是观念中的不可分割性,这正是理解二者关系的难点所在。

---

① "'财产关系上的不公平'以现代分工、现代交换形式、竞争、积聚等等为前提,决不是来自资产阶级的政治统治,相反,资产阶级的政治统治倒是来自这些被资产阶级经济学家宣布为必然规律和永恒规律的现代生产关系。"(马克思:《哲学的贫困》,《马克思恩格斯选集》,人民出版社 1972 年版,第 1 卷,第 171 页。)"为要说明封建的财产关系的消灭,现代历史学家就必须指出运动的特征,在运动的进程中,正在形成的资产阶级已达到这样的程度:其生活条件已充分发展,它完全可以消灭一切封建等级赖以进行生产的封建生存方式,因而也可以消灭这些封建等级赖以进行生产的封建生产关系。"(马克思:《哲学的贫困》,《马克思恩格斯选集》,人民出版社 1972 年版,第 1 卷,第 191 页。)"给资产阶级的所有权下定义不外是把资产阶级生产的全部社会关系描述一番。要想把所有权作为一种独立的关系,一种特殊的范畴、一种抽象的和永恒的观念来下定义,这只能是形而上学或法学的幻想。"(马克思:《哲学的贫困》,《马克思恩格斯选集》,人民出版社 1972 年版,第 1 卷,第 144 页。)

② 马克思:《资本论》第 1 卷,人民出版社 2004 年版,第 103—104 页。

　　我们倾向于用同一过程(或同一事物)的两个不同侧面,两个不同观察角度(视角)来界定生产关系与财产关系。① 人类生活生产过程中的社会关系,既是一个客观的物质系统,是一个由生产力发展的规律所决定的不以人的意志为转移的组织体系,又是一个人与人之间意志关系的网络,是一群在特定文化背景和社会习俗下有意识的人之间的有意识的活动和有意识的关系。当这种关系反复出现(之所以能反复出现是因为生产力的作用,是因为生产中的"便利"),而在大多数当事人之间形成共识,作为意志关系的法权关系就形成了,它调整经济当事人的行为,成为生产关系的要件。正如普列汉诺夫所说,以上把生产关系与法权关系的形成过程作为两个单独的过程来描述,是不够确切的,"我们描写为两个单独过程的东西,乃是完全不可分割的,它们是同一过程的两方面。由于生产力的发展,人们在生产过程中的实际的关系必然改变,而这些新的实际的关系表现于新的法权概念中。"② 一方面,生产关系是财产关系的本质,离开生产关系的物质内容,有关财产关系的理论研究就只能停留在权利或意志关系的现象形态的表面,只能求助于精神与意识来加以说明;另一方面,财产关系是生产关系的表现形式,是生产关系得以展现自身特点的外在躯壳,生产过程中人与人的关系总是要体现为人与人之间的权、责、利关系,体现为人与人之间的意志关系,脱离权利与意志关系的表面现象,生产关系的客观存在就无从观察,生产关系这个历史唯物主义的基本范畴就会变得虚无缥缈,令人难以捉摸。从生产关系中"清除"意志因素的努力注定是徒劳的,相反,离开权利、利益这些与人

① 普列汉诺夫说:"权利是权利,经济是经济,把两个概念混淆起来是不行的啊。"(《论一元论历史观之发展》,三联书店1961年版,第121页。)但他又说:它只是同一过程的两方面,是完全不可分割的。"由于生产力的发展,人们在生产过程中的实际的关系必然改变,而这些新的实际的关系表现于新的法权概念中。"(普列汉诺夫:《论一元论历史观之发展》,三联书店1961年版,第139页。)在马克思那里,"社会经济和它的心理乃是人们的'生活的生产'、他们争取生存的斗争这一同一现象的两方面,在斗争中人们由于生产力的特定状态而以某种方式结合着。争取生存的斗争创造他们的经济,而在经济基地上生长他们的心理。"(普列汉诺夫:《论一元论历史观之发展》,三联书店1961年版,第146—147页。)
② 普列汉诺夫:《论一元论历史观之发展》,三联书店1961年版,第139页。

的意识密不可分的范畴,经济学就无法讨论生产关系的客观内容。理解人类关系的这种客观性与有意识性之间的矛盾,是马克思主义历史哲学的一个关键。据此,我们主张这样去理解马克思关于财产关系是生产关系的法律用语的著名论断,即将财产关系看作从人的意志关系、法权关系视角去观察的生产关系。财产关系所反映的客观对象是生产关系,与生产关系这一理论范畴所反映的是同一对象。马克思之前人们也研究财产关系,但仅仅把它作为一种权利关系或者法律关系来研究,而不理解它的物质关系的本质,这种财产关系客观的物质内容是由马克思发现的,进而马克思创造了生产关系这个理论范畴,用以表达这种人的关系的物质性。从理论体系上说,两者当然不是同等含意的,生产关系反映事物更深层次上的本质,因此也是抽象度更高的范畴。也正因为如此,在发现了生产关系这个更加科学的理论范畴之后,财产关系不会从马克思主义的范畴体系中被清除,它仍然有它存在的意义。

英国学者 G.A.柯亨试图从财产关系中清除"合法性"的尝试是很有趣味的。柯亨以为,财产关系与生产关系的差别在于前者包含了合法性的意义,而后者则是对此法律术语的非法律的说明。采用这种方法,"我们可以一贯地认为财产关系是区别于生产关系和由生产关系解释的。"①柯亨通过强调权利的合法性与权力的有效性而区分了二者,认为财产关系讨论合法的权利,生产关系讨论实际有效的经济权力,当权力是合法的,权利同时也是有效的,二者才具有一致性。由于这种区分,柯亨以为自己"构造了不带法(RECHTSFREI)的生产关系,它与财产关系相配对,正像权力与权利相配对一样。"②他进一步设问,那么为什么马克思要用法律的术语来描述生产关系呢?"答案是,没有更好的选择。日常语言缺少概念体系来描述严格意

---

① G.A.柯亨:《卡尔·马克思的历史理论——一个辩护》,重庆出版社 1989 年版,第 235 页。
② G.A.柯亨:《卡尔·马克思的历史理论——一个辩护》,重庆出版社 1989 年版,第 238 页。

义上的财产关系。既然权力的词汇是贫乏的,以及权力和权利结构上的类似,那么为了描述权力,用具有特殊意义的权利术语是合适的。与制定像我们的非常复杂的纲领这种语言相比,它当然更方便,虽然概念上不太严格。""马克思经常在非法律的意义上使用法律的术语。明显的例子是:他谈到生产资料'在事实上或法律上是农民的财产',谈到生产工具首先是在事实上,然后是在法律上转变为直接生产者的财产。因为'财产'是法律用语,那么可以证明,不可能有一种财产在事实上而不是在法律上是农民的。这个证明完全是学究式的。'非法律的财产'也许是一个自相矛盾的概念,但是在马克思使用这一表述时没有概念混淆的迹象。他使用的短语达到了简明。"①

柯亨的讨论无疑是有益的,他关于马克思在使用财产术语时清除了它的法律含义的理解也是正确的。但他的纲领仍然不能清除财产概念中"法权的"、意志关系的内容。财产是事实的权力关系而不管这种权力是否为法律承认。但权力总归与人的意志不可分割。柯亨的清除并不像他自己想象的那么重要,真正重要的是理解马克思概念体系中法权关系的物质性质,即它的不以人的意志为转移的客观性,以及它的为生产力发展进程所决定的规律性。

如果以上关于生产关系与财产关系相互关系的理解是正确的,那么,马克思为什么用所有制这一具有财产关系特色的术语来表征一个社会生产关系的总体特征,如将资本主义社会的生产关系称作资本主义私有制,就不难理解了。在马克思看来,财产关系的本质就是生产关系,而一个社会生产关系的总体特征又是必须通过财产所有权关系这种外在形式来表现的,所有制这个范畴恰好体现了生产关系与财产关系的这种内在的统一性。由于马克思深刻揭示了财产关系的客观物质基础,在马克思主义的范畴体系中,所

---

① G.A.柯亨:《卡尔·马克思的历史理论——一个辩护》,重庆出版社 1989 年版,第 240—241 页。

有制概念被赋予崭新的含义,它并非单纯反映财产关系的总体特征,而且直接用于表征社会生产关系的总和。

二、所有制与产权制度

新古典主义经济学在传统上是不考虑产权制度的,原因在于在新古典的理论体系中,产权制度是给定不变的,是讨论的前提,而不是讨论的对象。这一点在新古典经济学的典型代表,著名的阿罗—德布鲁范式中表现得最为明显。罗纳德·科斯进一步指出了传统的新古典理论不关注产权制度的深层原因:这个理论体系一直在零交易成本的世界漫游,因而不同的产权制度安排对其研究的结果不产生任何影响,这意味着传统的新古典经济学不具备对产权制度及其变迁的分析能力。随着新制度经济学的兴起,事情已经发生了重大变化。科斯将交易成本引入经济学分析,从而使产权问题在新古典经济学的框架中得以研究,并且取得了大量有价值的成果。笔者关于公有制实现形式多样化问题的研究,在许多方面就借鉴了这些成果。

新制度主义经济学在对产权概念(property rights)的理解上继承了旧制度主义经济学的代表人物康芒斯的传统,倾向于产权概念的泛化,以至于包含了与经济利益有关的所有权利。康芒斯对财产关系的理解是十分宽泛的,他说:"'财产'这个名词没法解释,除非先解释个人和社会在有关所谓财产这个对象方面可以做也可以不做或必须做或必须不做的一切活动。"他把这些活动归纳为三种类型的交易:买卖的交易、管理的交易和限额的交易。认为"财产的意义成为个人和团体之间的交易的预期"[1],"财产在'真正的事实'上,只是管理的买卖的和限额的交易关系的一种预期的反复"[2]。

---

① 康芒斯:《制度经济学》,商务印书馆 1962 年版,第 202 页。
② 康芒斯:《制度经济学》,商务印书馆 1962 年版,第 65 页。

进而,康芒斯把自己试图建立的制度经济学称作所有权经济学:"制度经济学是人对人的关系,可是工程经济学是人对自然的关系。工程师的财富的概念不包括任何有关所有权经济学的问题,所有权经济学是历史的和制度的经济学,研究权利、义务、自由和暴露的演变。"①现代产权经济学的代表人物登姆塞茨则认为:"产权是一种社会工具,其重要性就在于事实上它们能帮助一个人形成他与其他人进行交易时的合理预期。""产权是界定人们如何受益及如何受损,因而谁必须向谁提供补偿以使他修正人们所采取的行动。"②

在新制度主义经济学的文献中,产权是一个含义非常广泛的概念。与法学理论不同,经济学不区分所有权与其他物权,以及物权与债权之间的差别,将产权理解为经济过程中一切权利关系的总和,是一个包含了法学理论中所有权、役权、债权,甚至与财产有关的人身权利在内的一切经济权利的总称。从这个意义上说,新制度经济学的产权制度概念与马克思主义的财产关系概念十分相似,它们都涵盖了,或者说涉及经济过程中权利关系的所有方面,因而事实上也涉及社会生产关系的所有方面。

但是,这两个理论体系的产权制度理论更重要的共同点还在于,二者都坚持主张用效率原则解释产权制度产生与变迁的原因。马克思的政治经济学以宏观的大历史跨度的制度分析为主题,在这个领域,生产力与生产关系的对立统一,是经济制度分析无可替代的基本框架。马克思所确定的制度分析中社会生产力的优先解释作用是不可动摇的,而生产力,按照马克思本人的解释,则是"有目的的生产活动在一定时间内的效率"③。在新制度经济学的以微观制度分析为主的理论体系中,效率仍然是制度分析的主线,人

---

① 康芒斯:《制度经济学》,商务印书馆 1962 年版,第 303 页。
② 登姆赛茨:《关于产权的理论》,源自科斯与诺斯:《财产权利与制度变迁》,上海人民出版社 1994 年版,第 97 页。
③ 马克思:《资本论》第 1 卷,人民出版社 2004 年版,第 59 页。

们用成本—收益分析比较两种制度的功能,解释制度变迁的原因。制度经济学认为,制度创新与技术创新一样能够节约成本,提高生产效率。而这种成本的节约正是经济制度产生与变迁的原因。新制度经济学一般更多强调制度节约交易成本的功能,但也不否认制度节约生产成本的功能。如威廉姆森就曾明确指出:"组织商业交易的准则假定是一种节约成本的严格的工具性准则,它基本上可以分为两部分:生产支出的节约和交易费用的节约。""目标是尽量减少生产成本和交易费用的总和。"①这种分析方法与马克思的以生产力为主线的制度分析方法有着明显联系。

值得注意的是,新制度经济学并不主张机械的效率决定论。他们按照新古典主义的传统,认为成本的节约也即效率的提高是追求效用最大化的个人理性选择的结果,把这个机制运用于制度选择。理性的经济人对成本与收益的比较是制度选择(新制度主义的理论家更偏爱于使用"契约选择"的概念)的依据,但他们不满足于这样的解释。阿尔钦在其著名论文"不确定性、进化和经济理论"中提出了一个在不确定性和有限理性前提下,个人选择与经济的"自然选择"相结合的制度理论,将制度变迁的效率原则建立在一个更有说服力的解释框架内②。个人理性选择由于理性能力的限制,经济环境的不确定,以及任何一种制度安排的各方当事人个人利益与社会利益的差异性,并不总是明确地指向效率原则的理论分析结果。最终保证理论结论得以实现的是一个延绵不断的历史的"试错过程",从统计学的大数法则看,只有那些符合效率分析要求的制度安排能够在生死攸关的试错实验中经受考验,表现出比其他制度安排更加旺盛的生命力。市场竞争就是这样的一种试错机制,它保证那些能够实现利润最大化的经济组织有最大

---

① 威廉姆森:《交易费用经济学:契约关系的规制》,源自《企业制度与市场组织》,上海人民出版社 1996 年版,第 36 页。

② Alchian, A.A. 1950. "Uncertainty, Evolution and Economic Theory." Journal of Political Economy 58: P. 211-221.

的生存机会。因此，有人将新制度经济学的这种建立在"自然选择"机制基础上的制度选择机制，称作"竞争过滤器"①。这种关系到必然性与偶然性辩证统一的制度理论，与马克思主义的辩证的历史观同样是相通的。当然，对马克思来说，市场经济这种过滤机制，在更大的历史视野上也必须通过社会历史的"自然选择"，经受社会生产力的最终检验。

然而，马克思的所有制范畴（ownership）与新制度经济学的产权制度概念仍然存在重大差别。

首先，现代制度经济学拒绝或者尽可能回避使用马克思的生产关系范畴，因而不可能全面准确地理解财产关系背后的客观物质内容，不理解财产关系与生产关系之间的辩证关系。他们往往把制度最终归结为"规则"或者"习俗"，把一系列微观制度安排运行其间的制度背景和制度环境归结为"政治制度"（诺斯）或者"宪法制度"（布坎南）。从这个意义上说，新制度经济学始终没能彻底摆脱历史唯心主义的思想羁绊，如普列汉诺夫在批评法国历史学家基佐时所说的一样，他们"在最后的分析中""异常模糊地引用人的本性来解释。"（经济人的理性行为）

笔者并不认为新制度经济学自觉地主张唯心主义的历史观，作为经济学家，他们中的大多数自然地倾向于用经济效率来解释制度的产生与变迁，因而倒是可以说具有不那么自觉的"历史唯物主义"倾向。他们中的某些人，如道格拉斯·诺斯，由于以较长历史时期的经济制度变迁为研究对象，这种不自觉的倾向性更加明显。诺斯认为，专业化与劳动分工产生了贸易收益，这种经济利益的差异性产生了近代社会"意识形态"的多样性。正是这种意识形态的一致性或者多样性构成"制度形式的基本影响力量"②。由于这种理论的倾向性，诺斯对马克思主义的历史研究方法给予高度评价：

---

① 思拉恩·埃格特森：《新制度经济学》，商务印书馆1996年版，第52页。
② 道格拉斯·诺斯：《交易成本、制度和经济史》，源自菲吕博顿与瑞切特：《新制度经济学》，上海财经大学出版社1998年版，第248—249页。

"马克思主义的框架之所以是目前对长期变革最有力的论述,恰好是因为它将新古典框架舍弃的全部因素都包括在内:制度、所有权、国家和意识形态。马克思之强调的所有权在有效率的经济组织中的重要作用以及现存所有权体系与新技术的生产潜力之间紧张关系在发展的观点,堪称是一项重大的贡献。"①但也正是这位诺斯教授,在他的经济史研究中对马克思的历史哲学产生了极大的误解,他把社会生产力等同于技术,把马克思解释成为一个技术决定论者,进而认为对马克思主义者来说,17世纪欧洲资本主义的发展"是辩证发展的一个难题"。②诺斯没有细心阅读《资本论》第1卷中关于相对剩余价值生产的那些篇章,不知道按照马克思的观点,专业化、劳动分工与技术一样是生产力的要素;诺斯不理解马克思关于生产关系与生产力的辩证法,不理解在马克思的经济学体系中分工、技术与生产关系相互间的作用与反作用。因此,尽管产权制度与所有制概念几乎完全相同地涵盖了全部社会生产关系的内容,但在现代产权经济学的理论文献中,它主要是被用于表述财产关系的概念,与生产关系的联系并不明确,更没有像马克思主义理论体系中的所有制概念那样被界定为生产关系的总和。

其次,马克思的所有制是一个关于社会经济制度的整体性概念,而现代经济学的产权制度是关于局部范围内的经济权利与经济利益具体安排的概念。前者是各个组成部分内在统一不可分割的整体,后者则直接表现为局部的、个别的制度安排,其总和才构成一个社会的经济系统。

马克思强调世界的普遍联系性,这一点在他的经济学研究中得到了充分的体现。《资本论》是关于资本主义私有制整体特征的系统描述。在这个三大本巨著当中,不仅经过精心安排的范畴体系构成一个有机的整体,而且其理论的总体构想又严谨地贯彻在每一个局部分析,甚至每一个理论范

---

① 道格拉斯·诺斯:《经济史上的结构和变革》,商务印书馆1991年版,第61—62页。

② 道格拉斯·诺斯:《经济史上的结构和变革》,商务印书馆1991年版,第144页。

畴之中。这是一种局部的总和构成整体,整体又寓于每个局部之中的完美的辩证法。对此,20 世纪最富分析才能的经济学家熊彼特具有深刻的理解:他在三卷本巨著《经济分析史》中写道:

"就马克思的情况而论,如果像我们的论述方式所要求的那样,把他的体系分解成为许多组成的命题并分别给予每一命题一个适当的地位,我们就会失去对于了解他所必不可少的某种东西。在某种程度内,对于每一个作家来说都是如此:全体总是比各个部分的总和要多一些。但只是在马克思的场合,忽视这一点而使我们遭受的损失才具有非常重大的意义,因为他的看法的总和,作为一个总和,是贯彻在每一个细节之中的,对于每一个研究他的人,不论是朋友还是敌人,这正是使之在心智上感到迷人的泉源。"①

正是方法论上这一鲜明特点,决定了马克思对所有制各个组成部分之间的联系与关系的独特看法:马克思强调经济系统各个子系统之间的"内在的、不可分割的必然联系"。他认为,资本主义的生产关系与分配关系是"一枚硬币的正反面",生产关系的性质决定分配关系的特征,而分配关系的特征又体现了生产关系的性质,二者的因果联系是不可分割的。

现代产权经济学并不追求这种关于社会经济系统的整体性分析,其研究满足于特定制度背景下具体制度安排的局部分析。如在一定交易特征环境下的企业制度的选择,商业贸易形式的选择,激励机制的选择,等等。每一次选择都是独立进行的,每一个选择的结果都是独立成立的,不同制度安排之间的联系与组合具有很大的灵活性。制度经济学甚至认为,正是经济制度各个局部之间灵活的组合与重新组合,构成了现实制度结构的高度多样性。制度经济学也讲局部的总和构成整体的关系,他们将一个社会中正式和非正式的制度安排的总和称作制度结构,但不知道总体包含在个别之中的辩证法,不知道反映经济制度总体特征的"基因信息"包含在它的每一

---

① 约瑟夫·熊彼特:《经济分析史》第 2 卷,商务印书馆 1994 年版,第 9 页。

个"细胞"之中。因而制度经济学家往往任意地用若干种制度安排的不同排列组合来解释现实经济的差异,就像小孩子手中的积木,可以"搭"出许许多多美丽的憧憬。

再次,马克思的所有制是历史的范畴,是一个反映社会经济制度随着社会生产力的发展而不断发展的、具有鲜明历史特征的理论范畴;现代经济学的产权制度则直接表现为节约交易成本的制度工具,一种具有功能性差别而不是历史性特征的提高经济效率的手段。

历史的进步,在马克思那里不仅是一种不可动摇的信念,而且是一种为全部人类历史所证明了的规律。因此马克思鄙视任何从人类行为的不变规则出发的理论,认为信仰、道德、习俗、情感全都是在历史进化中不断变动的因素,不变的行为规则充其量也只是一个内容贫乏的概念,不足以对社会制度的变迁产生具有实质意义的解释作用。任何经济制度研究都不能从不变的行为假定出发,相反,却能够对不同历史时期人类行为以及人类行为规范的差异性作出解释。

"马克思的理论具有一种为其他经济理论所没有的意义,即它是进化的,它企图揭示这样一种机制,仅仅由于这种机制的作用,不借外部因素的助力,就会把任何一定的社会状态转变为另一种社会状态。"[1]

由于对历史进化的信念,在马克思看来,不同的所有制因为适应不同发展水平的社会生产力而表现出先进与落后的差异。因此任何一种所有制的经济合理性都只能从历史的进程中加以解释,都是在特定的生产力发展阶段上才有它促进社会进步的积极作用,随着社会生产力的不可阻挡的继续前进,先进总有一天会转化为落后,合理也总有一天会转化为不合理。

现代产权经济学的方法与之相反。一方面,它从人的不变的行为规则出发,用经济人的理性选择来解释人类社会的制度安排,制度被理解为人们

---

[1] 约瑟夫·熊彼特:《经济分析史》第2卷,商务印书馆1994年版,第20页。

追求效用最大化的工具；另一方面，它用边际替代原理分析制度变迁与效率的关系，一种制度到另一种制度的变化完全被解释为效率变动的结果。在一个"连续的"制度变迁过程中，最终的选择停留在效率的边际变动或者成本的边际变动为零的均衡点上。不仅产权制度被理解为效率最大化的工具，而且现实经济中各种不同的产权安排也都是适用于不同交易环境的工具，它们之间的差异是工具与工具之间功能上的差异，而没有先进与落后的区别，进化与倒退的分野。制度经济学使用的时间维度是没有方向的，就像经典物理学的时间概念一样，在那里，过去与未来具有完全相同的含义。

三、两种制度分析方法及其统一性

马克思研究政治经济学的理论目的在于，运用唯物史观考察资本主义制度的产生、发展、灭亡的规律性，从而为工人阶级的社会主义思潮和社会主义运动提供科学依据。因此，马克思把理论研究的焦点放在资本主义的生产方式和分配方式与其他社会制度的区别，它们从前资本主义形态中产生的原因，它们固有的矛盾，这些矛盾在资本主义的发展中逐步展开的形式，以及矛盾的发展最终如何必然地导致旧制度的灭亡，新制度的诞生。这样的理论目的决定了他关注的重点只能在资本主义生产关系与资本主义财产关系的整体的历史的演变。为了弄清这一演变规律，马克思耗尽毕生精力，撰写《资本论》巨著三大卷而终未完成。由于时间与精力的限制，马克思未能深入研究资本主义经济制度内部的许多具体的合约安排与产权安排，他不得不区分轻重缓急，首先解决面临的最迫切问题。

微观层次上的制度安排问题注定是要由"体制内"的理论家来解决。他们立足于资本主义经济制度的现实，将研究的重点放在如何发展经济，如何实现致富目标上。特别是随着资本主义制度取代封建主义的革命在西欧、北美基本完成,这种理论研究的目的更加明确,它集中体现在 20 世纪初兴起的新古典经济学的理论体系之中,这个体系着重讨论市场机制的资源配置功能,把效率标准运用到经济分析的全部过程。但即使在这一理论目标下,人们在很长时间内仍然未能搞清楚制度安排与经济效率之间的密切关系,把制度分析置于经济学研究的总体框架之外。一直到科斯教授的《论企业性质》与《社会成本问题》等名篇问世,有关产权制度与经济效率的相互关系才受到以新古典经济学为代表的主流经济理论的重视,开始进入主流学派的分析框架。由于"体制内"理论家在基本制度背景不变前提下发展经济、提高效率的明确意图,新制度经济学的研究必然以具体的合约安排及具体的产权界定为对象,着重讨论它们产生与演变的效率依据。

不同的理论目的导致不同的制度分析方法,前者以制度的有机整体性与历史性为特征;后者以机械局部性与工具性为特征。马克思的所有制范畴是前一种分析方法的集中体现;现代经济学的产权制度则是后一种分析方法的产物。它们分别产生于不同的研究目的,针对不同的研究对象,因此有各自不同的适用范围。

所有制适用于宏观的历史的经济制度(economic system)分析,它讨论在大时间跨度上历史地形成的全社会范围内的经济关系的总体特征,它首先表现为特定的生产条件分配方式,社会经济结构的某些相对稳定特征,以及由此决定的一系列调整社会经济关系的基本规律。这些特征与规律相互制约,形成不可分割的整体,保证了宏观经济制度在一个较长历史时间内的相对稳定性。马克思的政治经济学由于其特定的理论目的,着重从这一视角考察经济制度,特别是资本主义经济制度。马克思对所有制概念的运用就明确采取了这一宏观制度的含义。马克思的理论讨论同样涉及微观层面的问题,特别是资本主义企业的问题,但即使在这样的场合,马克思所关心的重点仍然是包含在微观经济细胞中的资本主义私有制的基本特征及其发展规律,而不是企业具体的产权制度安排和激励制度安排。

产权概念适用于微观经济制度(economic institutions)的分析,它主要针对较小时间跨度内的局部的甚至个别的制度安排,包括各种商贸合约规定、各种企业法律形式和经营方式,企业内部的激励机制以及政府调控市场的具体方法,等等。这类制度安排具有高度的多样性和灵活的变动性,其相互之间的联系也不像宏观层面制度系统的各个部分那样,具有不可分割的内在联系。各国经济体制改革的实践,特别是我们自己在改革开放中积累的经验都证明,微观层面上的体制"构件"虽然也要求有一定的"匹配性",但这种要求远比我们一开始想象的要小,其可拆分、可组合的灵活性则比想象的要大得多。从某种意义上说,改革的许多成功试验,都是在突破传统理论关于制度系统内在联系不可分割的思维定式之后,才取得顺利进展的。系统因素的一定限度内的相对的可分离可独立的特征,是经济系统的固有特征,它与系统因素间的普遍全面联系构成相辅相成的两个方面,完整的制度分析不应有所偏废。另外,微观制度的灵活变动也不明显反映历史进程的序列性,考察的时间与空间范围越小,这一特点就越是突出。微观制度的选择同样遵循效率原则,但在这里"生产力标准"主要是通过制度与环境的匹配来体现的,先进与落后的分野并没有太大意义。"不管白猫黑猫,抓住老鼠就是好猫",邓小平同志的名言恰好抓住了微观制度分析的这一要旨。

照理说,俄国十月革命以后,实践就向马克思主义经济学提出了深入研究社会主义经济制度微观层面问题的任务,因为从客观上说,建设与发展已经成为共产党人的中心任务。马克思主义经济学不仅应当回答在社会主义基本制度不变前提下不断调整经济体制与经济机制的现实问题,而且必须解释日常经济生活中大量产权安排与合约签订的纷繁复杂的制度现象。而在讨论这些现象的时候,微观制度分析方法应当比宏观制度分析方法更加便利、更加适用。可惜的是,由于众所周知的原因,在相当长的时间内,马克思主义经济学,特别是现实社会主义各国的"体制内"理论家,没有能够按照马克思主义基本原理与基本方法的要求,以既有的宏观制度分析为起点,把研究自觉向微观制度领域延伸,建立起自己的微观制度理论以及适合于微观制度分析的方法论体系。相反,人们囿于传统理论,不适当地把宏观制度分析的方法照搬到微观领域,过度强调制度结构的不可分割性与制度变动的历史进化性质,不仅不必要地增加了分析的层次与分析的难度,而且不可避免地导出了一系列严重脱离现实的错误结论。虽然不能说20世纪社会主义所走过的曲折道路是由其理论发展的不成熟造成的,但马克思主义政治经济学的发展的确与其实践一样,丧失了太多机会,走了太长的弯路。不能不承认,在这一研究领域,我们落后了。

既然如此,借鉴别人的成果就必不可免。现在的问题是:两种制度分析方法,以及像所有制与产权制度这样的具有不同方法论特征的基本范畴,能不能在同一理论框架内同时使用,并达到内在逻辑的统一?

笔者以为达到方法与方法之间、概念与概念之间逻辑上的统一是可能的,理由是:

1. 世界的普遍联系具有人类认识不可穷尽的多样性。经济学的制度分析,即使是最具整体性特征的分析,也只能抓住这种联系的若干侧面。马克思充分理解认识与现实的这一矛盾,主张运用抽象分析法,将经济体系的若干重要环节从一切要素的普遍依存关系中挑选出来加以研究。重要的是理论家对自己的分析方法必须有清醒的认识,在明确理论目的的前提条件下形成合理的抽象,同时要对被理论搁置起来、冻结起来的现实要素,以及这些要素对分析结果的影响有正确判断。整体性的分析是一个由不同抽象层次、不同抽象程度的局部分析整合而成的有机整体,因而能够对相互依存普遍联系的客观世界有一个更加接近的描述。马克思的《资本论》就是运用这种方法,对资本主义所有制作了从抽象到具体逐步展开的整体分析。

正是由于这样的原因,马克思主义能够对处于不同抽象层次上的理论成果,作出客观公正的评价,并且合乎逻辑地将它们吸收到自己整体性分析框架的适当位置。

2. 马克思的历史的进化的理论不否认社会制度包括经济制度的相对稳定性,甚至认为,生产关系相对于充满活力的不断进取的社会生产力而言,具有间断性发展的、僵化保守的性质,一种社会宏观经济制度一旦形成,其基本制度特征在一个相当长的历史阶段内将保持不变。这就为特定制度环境不变前提下的微观制度分析提供了广阔的舞台,这种分析必须首先界定分析依据的相对稳定的前提条件,包括一系列明示的或者暗示的"理论假定"。新制度经济学的制度分析以新古典理论的短期均衡为方法论基础,它所依据的一系列假定前提是以市场经济,甚至市场经济的某一发展阶段的历史特征为背景的,但只要明确这些前提性假设的真实含义,新制度经济学的分析就不失其科学价值,并且能够与马克思主义政治经济学保持逻辑上的一致。

3. 辩证唯物主义的矛盾分析法,是使整体的、历史的制度分析方法与局部的工具性的分析方法相互结合、相辅相成的根本的方法论前提。按照唯物辩证法的观点,联系与区别、整体与局部、稳定与变革、质变与量变,都是事物固有的内在矛盾性的体现,它们既相对立又相统一,构成事物生存与发展的内在依据。因此,人的认识活动必须讲两点论,必须避免任何形式的片面性。马克思主义不会反对与排斥对事物的局部性与独立性、稳定性与量变的研究,只是认为这种研究理应包含在关于矛盾对立统一的辩证逻辑的大框架之内。

现代产权经济学广泛采用新古典主义经济学有约束条件下的最大化分析框架,力图将问题简化为一个或者一组函数及其一系列约束条件,在这给定的框架内,唯一的结论在分析开始之前就已经决定。这不仅是形式逻辑的分析方法,而且是高度数理形式化的。这种方法论上的特点,近几十年来由于数学工具的广泛应用而加强。形式化的分析方法优点在于逻辑上的简明清晰、和谐一致,缺点是难以解释现实生活中大量的矛盾现象。现代经济学一般采用逐步导入外生变量的方法,来缩小"和谐的理论"与"矛盾的现实"之间的差距。这种依靠"外生变量"来解释矛盾与发展的理论方法的局限性早就为许多有洞察力的研究者反复指出。凡勃伦曾经正确指出了新古典经济学的缺陷,它无法"解释增长现象,除非增长只是指大小、体积、质量、数目、频率方面的变化。"为什么?因为新古典理论的形式逻辑的分析框架以讨论数量的连续变动见长,不适于讨论创新与突变。经济增长的现实过程不仅是量变的积累,而且是质变的飞跃。技术创新是质变,制度创新也是质变。熊彼特将此称作"创造性毁灭"确是形象而有趣的说法,他道出了历史进化中旧事物死亡、新事物诞生这种充满矛盾的可怕而又可喜的特征。这个问题在新制度经济学的制度分析框架中始终未能很好解决,只有马克思主义政治经济学的建立在矛盾分析法基础上的研究框架才是解决这一问题的有效途径。

据此,笔者主张在马克思主义经济学的基本框架之内,建立当代制度经济学的新的综合框架,把宏观制度分析与微观制度分析从逻辑与概念上统一起来。为此,马克思主义经济学必须真心诚意地、老老实实地学习与吸收现代经济学,特别是新制度主义经济学的科学成果,把它作为自己在新形势下发展与完善的必不可少的"营养"。为此,马克思主义经济学有必要引入一系列现代经济学广泛使用的科学概念,当然也不排除对这些概念作必要的修正与重新定义,使之更适用于自己的理论体系。

按照上述认识,我们将在这样的意义上使用产权与产权制度概念:

首先,正确定义的产权概念与所有制概念一样,必须建立在对财产关系与生产关系辩证联系的全面正确理解的基础上,在这方面,两个概念不应当有任何实质性的区别。其次,前述二者在研究范围与研究对象上的差别则应当完整保留,以保证理论体系在制度变迁与体制改革研究中具有更加完整和有效的分析能力与解释能力。也就是说,所有制概念应当是反映社会经济制度整体特征与历史特征的理论范畴;而产权与产权制度则是反映具体的局部的经济权利与经济利益安排的个别特征与工具性特征的概念。前者是一个必须在自身矛盾运动中逐步展开全部丰富内涵的理论范畴;后者则需要在多种多样的现实制度安排中运用效率标准予以选择,社会经济关系的复杂性只有通过不同产权安排的组合与加总得以体现。当代马克思主义经济学的现实任务要求它同时使用这两层含义上的经济范畴,没有这种概念体系的扩展,马克思主义经济学是难以肩负起它在新世纪的历史使命的。

四、所有制的历史形态与实现形式

在马克思看来,社会生产关系是一个不断变迁的历史过程,生产资料所有制没有固定不变的模式。"在每个历史时代中所有权以各种不同的方式,在完全不同的社会关系下面发展着,""要想把所有权作为一种独立的关系、一种特殊的范畴、一种抽象的和永恒的观念来下定义,这只能是形而上学或法学的幻想。"①适合于人类社会所有发展阶段的所有制概念的一般规定,其实是非常抽象甚至贫乏的。要理解所有制范畴的丰富内涵,理论就必须从所有制一般继续前进,去深入了解所有制关系在不同发展阶段上的历史特征。马克思关注的正是不同社会制度下所有制的历史形态,在大多数场合,他都是在特定历史规定性的意义上使用所有制概念的。他区分了原始共产主义的公有制、奴隶社会、封建社会、资本主义的私有制以及理想中

---

① 马克思:《哲学的贫困》,源自《马克思恩格斯选集》第 1 卷,人民出版社 1972 年版,第 144 页。

的未来社会的公有制,用毕生精力撰写了讨论资本主义私有制历史特征的鸿篇巨著《资本论》。

所有制的历史形态当然是一个宏观历史的制度范畴,它在历史的大时间尺度上讨论不同历史时期所有制形式的基本特征、内在结构、发展规律等。从这个意义上说,所有制历史形态具有全社会范围内的总体性、系统性和相对稳定性的特点。马克思分析了资本主义社会两大阶级生产条件的分配状态,通过劳动力商品买卖形成的雇佣劳动关系,以及在此基础上剩余劳动的支配和占有关系。资本主义制度历经几百年风雨变幻,但其所有制关系这些基本特征始终不变。

唯其如此,所有制的历史形态仍然是抽象程度很高的理论范畴。从这类范畴到经济生活中现实的所有制现象还有很大距离,还需要增添很多具体的规定性,这包括特定历史形态发展阶段的规定、地区与国别的规定,还包括微观经济中大量具体的产权安排以及这些产权安排的结构和变化。例如,封建土地私有制可以区分为欧洲式的领主土地私有制、中国式的地主土地私有制,还可以进一步具体化为中、小地主私有制,官宦大地主私有制,皇族土地所有制甚至封建的国家土地所有制。这就逐步接近了所有制实现形式的讨论。

改革开放以来,国内经济学文献中所有制实现形式概念的使用频率越来越高。这表明,马克思主义政治经济学开始逐步向微观制度分析的领域拓展。

所有制实现形式总是指特定历史形态的所有制实现形式,它涉及特定历史形态的所有制关系的那些基本规定性在特定的时间与空间范围内得以实现的具体的产权安排,以及这些产权安排的结构与关系,包括产权主体的范围与构成等具体规定,产权客体的形式与规模等具体规定,所有权各项权能在不同经济主体之间分配的具体规定,以及所有权与役权、物权与债权等更广泛意义上的产权安排以及它们的相互作用,等等。一种特定的所有制实现形式总是这些产权关系的一种特定的组合,表现出区别于其他实现形式的特征结构。例如资本主义私有制就其实现形式可以区分为自由竞争时期的个体业主私有制,多个私人资本的合伙制,垄断资本主义阶段的大垄断资本家所有制,私有股本高度分散化的社会资本所有制,国家垄断资本主义所有制,以及作为垄断资本附庸的中、小资本所有制。所有制实现形式仍然是从大量现实经济现象中归纳和抽象出来的理论范畴,因而有别于任何具体的个别的经济现象,但它毕竟是比所有制的历史形态抽象度较低的范畴,因而更加接近现实的经济生活,包含了更加丰富多彩的生产过程中人与人关系的信息。

但是,人们至今仍然经常地混淆所有制历史形态与所有制实现形式范畴,将所有制的历史形态误解为所有制的实现形式,或者将特定所有制历史形态下的某一种或某几种所有制实现形式固化为这种所有制历史形态本身。例如有人在讨论公有制实现形式问题时,将全民所有制、集体所有制与奴隶主所有制、封建所有制以及资本主义所有制当作同一层次概念,认定它们是不同性质的所有制,而不是同一历史形态下公有制的不同实现形式。

"把全民所有制与集体所有制或混合所有制这几种归不同范围、不同性质的主体所有的所有制,都当成公有制的'实现形式',看不到它们之间的转变是以一种所有制代替另一种所有制。这种讲法在实质上相当于将奴隶主所有制、封建所有制、资本主义所有制和劳动者个体所有制都当成私有制的实现形式,把资本主义所有制代替先前的所有制说成私有制实现形式的转变,看不到这种更迭会使某一阶级或社会集团失去所有权,而使另一阶级或集团成为生产资料的主人,并使整个社会制度发生根本变革。"①

很明显,上述文字混淆了所有制的历史形态与所有制的实现形式。全

---

① 吴宣恭:《论公有制实现形式及其多样化》,《中国经济问题》,1998 年第 2 期。

民所有制与集体所有制是社会主义公有制的实现形式,或者说公有制实现形式的两大类型,而绝不是两种独立的所有制历史形态。全民所有制与集体所有制的相互转换不会改变劳动者的主人翁地位,而只是改变劳动平等的实现形式。这个道理是不说自明的。导出上述观点的理由据说是:所有制实现形式不涉及产权主体的范围与构成问题,凡是产权主体范围与构成的变化都会导致所有制性质的变化,而不是所有制实现形式的变化。看来这一说法的真实意图在于,将产权主体的范围与构成,排除在公有制实现形式的讨论之外。这在逻辑上与实践中都是站不住脚的。从逻辑上说,公有产权的主体范围无外乎全民、集体两大类型,其概念上的周延似无可怀疑。但同一类型的进一步分类不可能吗? 不重要吗? 譬如,区别于一国范围的全民所有制,经济区域或行政区划范围内的全体居民可否成为所有权主体? 更小范围的劳动者群体尚且可以,他们为什么就不可以? 又如,劳动者集体所有制可以区分为企业职工合作制,社区居民所有制,以及不同职业集团,不同利益集团的公有制,这些公有制实现形式的差异,难道不首先是所有者范围与构成的差异? 从实践的意义上说,公有制实现形式的探索显然已经涉及大量的产权主体范围与产权主体构成方面的问题,包括产权主体成员与劳动组织不相一致等更为复杂的情形,面对迅猛发展的改革实践,在这里设置一道"理论防线"既不必要也不可能。

与所有制的历史形态相比,所有制实现形式有以下特点:一是所有制实现形式讨论局部的经济现象,多数场合它是在企业微观组织的层面上讨论所有制问题,在社会经济的各个局部上,所有制实现形式可以是千差万别的。二是所有制实现形式的各个组成部分具有可拆分、可组合的特点,其产权关系各个方面的内在联系不像在所有制历史形态的讨论中那样紧密,至少其内部结构调整与重组的灵活性比起前者要大得多。三是所有制实现形式的稳定性也比前者要低,在特定的所有制历史形态下,所有制实现形式经常地在变动着、调整着,因而考察其变化规律的时间尺度也要比前者小得多。以上特点归纳起来,必然导出所有制实现形式相对于所有制历史形态具有多样性的特点。一个社会既定的所有制历史形态,在经济生活的各个局部上会有多种不同的所有制实现形式;这些所有制实现形式的不同组合会产生出新的所有制实现形式;在所有制历史形态保持稳定的情况下,所有制实现形式还会经常地发生变化,因而生长出更加丰富多彩的新形式。所有制实现形式是比所有制历史形态更加生机盎然、色彩绚丽的理论范畴。

非常明显,所有制实现形式是一个与产权和产权制度处于同一分析层面上的理论范畴。事实上,在这一分析层面上,所有制实现形式的探索始终离不开具体产权安排的无限多样的选择。在这个研究领域中,微观的产权制度分析将成为理论的重心。因此,在这个分析层面上,我们不能不大量地、频繁地引证和借鉴现代制度经济学的理论成果,在这些现代成果的基础上来发展自己的理论体系,解决自己面临的复杂多样的现实问题。

参考文献：

[1]普列汉诺夫.论一元论历史观之发展[M].北京:三联书店,1961.

[2]马克思恩格斯选集[M].北京:人民出版社,1972.

[3]马克思.资本论[M].北京:人民出版社,2004.

[4]G.A.柯亨.卡尔·马克思的历史理论——一个辩护[M].岳长龄,译.重庆:重庆出版社,1989.

[5]康芒斯.制度经济学[M].北京:商务印书馆,1962.

[6]登姆赛茨.关于产权的理论[G]//R.H.科斯,阿尔钦,诺斯.财产权利与制度变迁:产权学派与新制度学派译文集.上海:上海人民出版社,1994.

[7]奥利佛·威廉姆森.交易费用经济学:契约关系的规制[G]//陈郁.企业制度与市场组织:交易费用经济学文选.上海:上海人民出版社,1996.

[8] Alchian , A. A. 1950. "Uncertainty, Evolution and Economic Theory." Journal of

Political Economy 58.

[9]思拉恩·埃格特森.新制度经济学[M].北京:商务印书馆,1996.

[10]道格拉斯·诺斯.交易成本、制度和经济史[G]//埃瑞克·菲吕博顿,鲁道夫·瑞切特.新制度经济学.上海:上海财经大学出版社,1998.

[11]约瑟夫·熊彼特.经济分析史[M].北京:商务印书馆,1994.

[12]吴宣恭.论公有制实现形式及其多化[J].中国经济问题,1998(2).

新制度经济学的理论范式
为什么是适用的[①]

一般认为,新古典经济学由于假设技术、禀赋和偏好三大结构的固定不变,而不适于讨论技术创新与制度创新前导的社会进化。以罗纳德·科斯为代表的新制度经济学秉承了新古典的核心理念,其何以能够被广泛用于中国经济体制改革的研究,并取得瞩目成就,对于新政治经济学的发展是一个极具挑战性的基础理论问题。

我国经济学界对新制度经济学存在两种片面评价:一种认为,新制度经济学在国内的迅速推广和广泛运用,已经充分显示了它相对于其他制度理论的理论优势,应当成为中国经济体制改革主要的理论源泉,甚至替代传统理论而成为经济体制改革的指导性学说;另一种观点则认为,新制度经济学基本的理论范式与马克思主义政治经济学相冲突,导出的一系列逻辑结论,尤其是有关我国基本经济制度走向的结论,极端化且不符合国情,因此其在中国的传播和应用是纯粹破坏性的,其理论观点必须予以批判和清除。我们以为,以上两种极端评价,对新的政治经济学的发展都有消极影响。

---

① 原载于《经济学家》2004 年第 2 期。

一、新制度经济学的研究纲领及其演进

科斯制定的新制度经济学研究纲领包括以下要点：

1. 坚持新古典主义经济学个人理性主义前提下均衡分析框架，坚持偏好、技术、禀赋三大结构固定不变，坚持完全竞争的工具性假设。由于以上特点，新制度经济学严格区别于以凡勃伦、康芒斯为代表的老制度经济学，使得自己逐步融入现代经济学的主流，成为主流经济学的一个重要组成部分。

2. 引入交易成本范畴拓展新古典经济学的分析框架，用交易成本比较各种不同制度安排的经济绩效，解释经济制度的多种多样的差异性，使得经济制度有可能也有必要成为新古典框架中一个可以量化分析的维度。这一原创性的理论贡献极大拓展了主流经济学的研究领域，成为新制度经济学经久不衰的发展源泉。

3. 运用传统的成本收益分析方法对经济制度作局部均衡分析和比较静态分析，以效率为标准，解释制度产生的原因和制度变迁的根据。大多数新制度经济学的代表人物都采用如下传统的效率表达公式，将效率直接理解为收益与成本之比：$E = U/C$。并且根据现实经济世界中正交易成本的假定，将生产成本完整地理解为转换成本与交易成本之和，因此，新制度经济学的效率公式又被完整地表述为：$E = U/(CP + CT)$。尽管这一传统的客观效率概念经常受到批评，但是科斯等人在制度分析中似乎仍然我行我素。他们利用上述效率标准讨论制度产生、存在和变迁的原因，一个简单明了的公式是，效率更高的制度就是经济上合理的制度，它的存在和发展因此而得到说明。

科斯在《企业的性质》一文中,关于市场交易成本与企业管理成本随交易额变化而变化,最终达到两个边际成本相等的均衡状态的分析,与微观经济学局部市场的价格均衡分析几乎毫无二致。

新制度经济学在更多的时候采取比较静态的分析方法,例如比较同样时间、地点下不同制度安排的经济绩效,或者比较同一制度安排在不同经济约束条件下的效率差异。威廉姆森的《交易费用经济学:契约关系的规制》提供了一个经典范例,他讨论了古典的市场规则和所谓三方规制、双边规制、统一规制四种制度结构,在不同交易特征结构下的效率差异,从而说明了市场环境下不同制度结构存在的原因。尽管威廉姆森的讨论在细节上一再受到批评,但其制度绩效静态比较的研究范式却一再地被仿效,并且取得了大量理论成果。

道格拉斯·诺斯在新制度经济学的范式演进中发挥了重要作用。诺斯在运用新制度范式研究经济史的过程中,区分了正规制度与非正规制度,明确批评了新古典的"充分信息"假定和"完全理性"假定的缺陷,把不完备信息和有限理性假定引入新制度经济学的理论范式,进而把"认知结构"与"意识形态"纳入制度分析的视野。事实上,新古典的充分信息和完全理性假定与正交易成本的概念根本对立,诺斯的理论创新只是使新制度经济学在逻辑上更趋一致。但是,有关节约交易成本的意识形态与传统习俗的讨论,把新制度经济学更加深层次的问题突显出来,不仅是观念与习俗,而且作为模型约束条件的整个交易环境,都是模型的外生变量,它们解释模型的特征,却不能为模型所解释,即不能为新古典模型内生化。而这些环境与条件的很大一部分,按照定义恰恰是经济活动的制度背景,或者说是更大背景下制度结构的组成部分。这一事实充分显示了新制度经济学制度分析的局限性,它只能在一系列被设定为外生变量的制度环境保持不变的前提下,讨论静态的制度均衡和微观(小范围短时间内)的制度变迁,而不适于研究宏观视野的制度变迁历史过程。

诺斯关于制度变迁"路径依赖"的研究,是他对新制度经济学范式的又一重大贡献。研究起源于科斯研究纲领一个未解决的问题:它可以证明经济制度的合理性,却没有解决经济上合理的制度安排产生的机制问题;更加关键的是,理论没有解释现实经济中大量低效率的制度安排长期存在的原因。诺斯从约束条件下个人理性选择的思路出发,主张引入博弈均衡的概念解释制度产生机制,引入演化经济学的基本理念讨论制度变迁的连续过程与路径依赖。诺斯的这一理论纲领是一个重要标志,标志着以博弈均衡为主线的制度分析新阶段的到来。这一研究纲领至少有两大优点,其一,将制度分析从个人理性与社会效率一致的幻觉中解救出来,使得经济学有能力讨论个人与社会的实际冲突。其二,部分地解决了约束条件的"内生化"问题,使得大量的制度环境约束可以在历史形成的博弈均衡中得到解释。近年来制度经济学的新成果大量集中在这一研究领域。作为例证,有必要提及青木昌彦2001年出版的《比较制度分析》一书,书中提出基于"主观博弈模型"的"均衡的概要表征制度观",着力解决制度的内生性与客观性的矛盾,成为制度分析理论的前沿成果。

二、新制度主义范式的历史局限性

新制度经济学近年来的前沿成果,是否克服了该理论范式只适合于微观制度分析,而不适合于宏观制度分析的局限性呢?我们的回答是否定的。理由是:新制度经济学不能突破新古典范式的"硬核"——"个人理性主义",因此它也不可能突破"个人理性主义"固有的历史局限性。不论新古典主义是否承认，"个人理性主义"实际上只是市场经济特有的历史现象在理论上的映射。

个人理性主义可以分解为两个互为补充的方法论：个体主义方法论和心理主义方法论。按照经济学方法论学者劳伦斯·博兰的解释，"方法论个人主义乃是这样一种观点，它在社会现象的任何解释中，只容许个人是决策者。"事实上，个人主义方法论还包含着比单纯的个人决策更多的内容，它假设所有的个人决策是独立自主的，在决策发生之前所有个人都具有排他性的个人独占的权利和义务，因此个人选择不受他人意志的制约。因此，契约过程遵循自愿原则和一致同意假定，市场均衡始终只能是一种帕累托最优的均衡。不难看出以上全部理论假定的历史性质。人类社会最初表现为种属群、部落体、群居动物，它依赖血缘的纽带最后是宗法的纽带维系了几十万年，甚至上百万年，独立的自主的个人，或者说"以物的依赖性为基础的人的独立性"，只是在最近几百年内才逐步地从欧洲开始向全世界蔓延。那种认为人类社会是从独立化个体开始的观点，只不过是 18 世纪"市民社会"最为发达的社会关系在人们意识中的一个反映。正如马克思指出的那样，人的独立化只是历史过程的结果，人类行动单位的个体化，以及意识性个体化本身就是历史的产物。因此，个体主义方法论对于讨论市场制度本身的运转，讨论市场经济的资源配置可能是一个合理的前提（肯定不是完备的前提），但它不适用于讨论市场制度的产生或者消亡，不适用于讨论人类社会宏观尺度的历史变迁。

新制度主义经济学的"泛契约论"倾向，是观察这一理论流派局限性的有趣例子。从个体主义方法论出发，将一切社会交往过程理解为独立个人的契约关系是很自然的，道格拉斯·诺斯在其早期研究中对此深信不疑，以至于认为封建领主与依附农的关系也是自愿契约的结果。虽然诺斯以后纠正了自己的错误,但是仍然有一些自称新制度主义的理论家坚守在"泛契约论"的深井中。张五常是很典型的一位,他反对科斯的企业理论,原因是科斯除了自愿的市场契约,他不能够理解任何制度安排。

方法论的心理主义"认为除了自然的已知条件(例如气象、宇宙所含之物等)以外,心理状态是被允许的唯一的外生变量。"进而,"方法论的个人主义与心理主义的结合,它只不过是把人等同于其心理状态。"在个人理性主义看来,人作为约束条件下追求效用极大化的主体,具有普遍的同一性,人的个性差别是由其各自独立的效用函数决定的。正是这个有关个人心理选择的效用函数,规定着个人的选择行为。而效用函数的形成,则不是经济学所能理解的内容,它必须求助于心理学。熟悉唯物史观形成史的学者不难发现,运用这种最终求助于心理因素的研究方法研究社会发展史,乃是马克思之前诸多历史唯心主义者常用手段之一,经济学的理性个人主义历史观不过是这一唯心历史观的又一个现代版。全部问题的困难在于,假如约束行为极大化是人的不变的心理特征,那么,怎样能够用这个不变的常数来解释人类社会的不间断的发展呢?看来,没有一部整个人类的"理性发展史"(康德主义的,或者黑格尔主义的,等等),经济制度的宏观历史过程就是无法解释的。只可惜新制度主义从来就没有这样的学术野心。

进一步的观察不难发现,经济学的心理主义方法同样映射着市场经济的历史特征。以下择其要者,列举一二。

其一,现代经济学强调个人效用函数的独立性,特别在一般均衡分析中,个人效用函数的独立与互不相关是一个必要前提。这种将现实生活中大量存在的利他性心理因素完全忽略的抽象方法,自然是远离现实的。但是,对于市场交易的大多数场合,这种抽象又是基本合理的。典型的市场交易以交易双方互相当作外人看待为前提,排他性的产权界定正是这种意志关系的体现。

其二，经济学关于个人效用函数的理解，能够取得一致意见的东西不多，但是劳动具有负效用是普遍性命题。这种劳动使多数人感受痛苦的心理现象，是市场经济历史条件的产物，它产生于物质财富的相对匮乏、劳动时间过长、职业专门化分工与人的全面发展相冲突等。按照马克思的预见，随着社会生产力的充分发展，未来社会中人的"懒惰的天性"终将改变。但是在市场经济条件下，多数人仍然会将劳动当作谋生手段，劳动与个人效用的负相关适用于讨论许多现实经济问题。

诺斯曾试图运用技术变迁与制度变迁相结合的分析框架，解决包括正规制度与非正规制度在内的制度矩阵在新制度经济学分析框架中的内生性问题。他甚至承认卡尔·马克思在这一研究领域的"先驱性努力"，但是他同时认为，马克思主义理论的缺陷恰恰在于："按照这一理论，人类要实现其结果，人类行为就必须实行根本的变迁。但我们还没有关于这一变迁的证据（即使是在社会主义社会进行了 70 年后的今天）。"仅仅根据这一点，我们可以判定，诺斯的分析框架最终仍然不可能摆脱新古典主义的束缚，因此，他的经济史研究最终仍然不可能对历史变迁的原因给出准确的回答。

三、为什么适用于中国的经济体制改革

那么，为什么新制度经济学的理论范式尚能适用于中国的经济体制改革，而且取得了令人瞩目的理论成就？马克思主义政治经济学对此解释如下：

1. 中国经济体制改革以市场经济体制为最终目标，这是新制度经济学适用于中国改革的基本原因。新古典主义不讨论人的独立性和人与人之间

"相互作为外人看待"的历史现象得以产生的过程与原因,甚至不承认任何一种与之相区别的人类关系存在的历史可能性,因此,其理论范式具有非历史、非科学的性质。但是,我们不能因此而否认,在市场经济的限度之内,"个人理性主义"的假设前提有其暂时的合理性,也就是说,在改革发展的过程中,"个人理性主义"所体现的历史内容基本不会改变,因此新制度经济学也具有分析的适用性。从市场经济大背景下局部范围、小时间跨度的微观制度分析要求看,新制度经济学没有方法论的障碍,其制度效率的局部均衡分析与比较静态分析,不仅能够满足实证分析与规范分析的要求,而且其前提条件不变的理论假定反而有利于分析过程的简化与明晰,这是它成为高效率的理论方法的重要原因之一。我们不否认这种理论范式固有的片面性和局限性,但这仍然不妨碍它成为研究我们现实经济的理论范式中具有相对比较优势的一种。

必须遗憾地承认:我国的马克思主义政治经济学研究,长期滞后于改革开放的伟大现实,我们在市场经济改革目标的确认和解释方面走了许多弯路,花费了太多精力,却没有及时地建立起以提高经济效率为主题的马克思主义的微观制度分析新框架。迄今为止,我们在这方面的基础理论研究仍然落后于新制度经济学,因此,新制度经济学在我国经济研究中的活跃是情理之中的;我们的许多中青年学者努力向新制度经济学以及其他国外的制度分析理论学习也是合乎情理的。

2. 中国改革坚持社会主义方向,是在基本制度不变前提下的渐进式改革;渐进改革总体上排斥突变,否定"休克疗法",而看重制度变迁的边际式、演进式特点,这也是新制度经济学大行其道的重要原因之一。新制度经济学在微观制度分析中大量采用边际分析方法,强调经济变量的连续性质,在连续的数量变化中把握个人与组织极大化行为的均衡结果。这种分析方法与改革中大量制度变迁的实际情况相符合,因而扩展了此类研究的适用领域。例如张军有关价格双轨制的分析,就是这方面一个精彩案例。新制度经济学的路径依赖理论结合了演进经济学的成果,将制度变迁看作关于新旧制度的"遗传与变异"过程,对于理解渐进式改革的约束条件、发展走势,特别是传统习俗、文化观念和社会伦理等对于改革进程的约束作用,具有重要意义。大多数运用新制度经济学的理论方法分析中国经济体制改革的研究者,对于路径依赖概念的重要性都有充分认识。总而言之,这是和平的建设时期、稳定的发展时期,它需要"体制内"理论家的"致富理论",而不需要"体制外"理论家的"革命理论"。以经济建设为中心任务的中国的马克思主义者,应当尽快建立起自己以致富为目的的制度经济学,因此需要吸收新制度主义的有益成果。

必须指出,新制度经济学在研究制度突变,特别是宏观经济制度根本变革方面存在先天的不足。这种不足是由其一系列非历史的不变的理论假设决定的,也是与其不能将作为分析前提的约束条件在理论模型中内生化相关联的。在迄今为止的所有制度分析理论中,只有马克思主义运用生产力与生产关系、经济基础与上层建筑的辩证法,有效解决了制度变迁所有重要因素的"内生化"问题,解决了制度的量变与制度的质变相互转化的问题,因而成为宏观制度分析的有效工具。新制度经济学的宏观制度分析与马克思主义政治经济学根本对立,导出的相关逻辑结论,尤其是有关我国基本经济制度走向的结论,往往脱离国情,存在严重错误。因此我们没有必要对之言听计从,相反应当在重大原则问题上与之划清界限。但是,笔者也不同意将此类错误理解为新制度经济学的全部或者主体,进而对这一学术流派持完全否定态度。我赞成在有关资本主义还是社会主义的大是大非上回击张五常的观点,但是不主张同时将新制度经济学在微观制度领域的全部成果,包括张五常本人的微观制度分析一概否定。到目前为止,新制度主义的微观制度分析,可能仍然是经济学在这方面有成效的分析,仍然值得我们借鉴。

3. 中国经济改革与发展的后发性特征对此也有重要影响。后发性制度变迁意味着制度备选方案大体上是已知的,约束条件下的极大化选择行为是针对已知的可能性集合的,因此新制度经济学的均衡分析方法是大有用武之地的。虽然不能说中国的市场经济改革就是照搬外国经验,但是市场经济国家的现成经验毕竟是我们的借鉴对象。我们的制度创新大多是在外国有例在先的情况下进行的,新制度的合理性用比较静态分析很容易给予说明。而根据中国国情所做的变通与调整,也很容易用边际分析和路径依赖进行讨论。与新制度经济学有很深渊源关系的比较制度分析,适合于经济制度的国际比较、地区比较和其他各种时空的制度比较,它在中国体制改革研究中的广阔前景,应当是可以预料的。

结论,也许是老生常谈:对新制度经济学必须一分为二,取其精华,去其糟粕。唯其如此,我们才可能比新制度经济学更加高明。

参考文献:

[1]罗纳德·科斯.论生产的制度结构[M].盛洪,陈郁,译.上海:上海三联书店,1994.

[2]奥利佛·威廉姆森.交易费用经济学:契约关系的规制[G]//陈郁.企业制度与市场组织:交易费用经济学文选.上海:上海人民出版社,1996.

[3]詹姆斯·布坎南.自由、市场与国家[M].吴良健,译.北京:北京经济学院出版社,1988.

[4]道格拉斯·诺斯.制度、制度变迁与经济绩效[M].杭行,译.上海:上海三联书店,2008.

[5]青木昌彦.比较制度分析[M].周黎安,译.上海:上海远东出版社,2001.

[6]劳伦斯·博兰.批判的经济学方法论[M].王铁生,译.北京:经济科学出版社,2000.

[7]张五常.经济解释[M].北京:商务印书馆,2000.

[8]荣兆梓,等.公有制实现形式多样化通论[M].北京:经济科学出版社,2001.

[9]林岗,刘元春.制度整体主义与制度个体主义——马克思与新制度经济学的制度分析比较[J].中国人民大学学报,2001(2).

[10]周业安.90年代中国的新制度经济学研究评介[J].教学与研究,2000(12).

[11]"张五常热"解析——吴易风教授访谈[J].国外理论动态,2003(4).

[12]关于"张五常热"的理论反思——海派经济学家程恩富教授访谈[J].海派经济学,2003(1).

资本与公有资本

资本范畴在理论经济中意义重大。如何处理资本在整个范畴体系中的联系和关系,事关一个经济学范式的成败。新古典经济学的资本理论具有不可克服的内在矛盾,这一点已经在"两个剑桥之争"中充分暴露。这编收录的第一篇论文从理论史的角度回顾强调了"资本悖论"这个新古典经济学的逻辑死结。在此后的两篇论文中讨论社会主义政治经济学中的公有资本范畴:从社会主义政治经济学现有的范畴体系与中国特色社会主义实践的矛盾出发,公有资本与私有资本的共性特征与本质区别;劳动者人格两重化以及整体意志对个人意志的强制;剩余价值的公共占有;公有资本与平等劳动的辩证统一,等等。

资本理论的争论与
马克思主义经济学的发展[①]

新古典经济学的资本理论存在一系列不可克服的矛盾,成为整个理论体系逻辑上的软档。斯拉法等人对此展开卓有成效的批判,开启了理论史上"两个剑桥之争"。这场争论对新古典经济学的打击是毁灭性的。自此之后,新古典经济学中的总量资本范畴,事实上已经从理论逻辑上被清除。这场理论争论对马克思主义经济学的意义何在?它事实上提供了一个将古典经济学的理论传统与现代经济学的分析手段相结合的参照。斯拉法及其后续者的工作对我们有极大启发。令人遗憾的是,国内马克思主义经济学者在消化吸收这部分理论成果方面所花工夫不足。

一、新古典资本理论的困境

新古典经济学资本理论的困境,起源于否定古典经济学商品二重性学说。

萨缪尔森曾明确表示,马克思有关隐藏在价格现象背后的价值问题的讨论是不必要的累赘,理论的简明性要求把这个多余的东西用"奥卡姆剃刀"割除。因而商品被理解为具有一定使用价值的稀缺物品,而其价格,由

---

① 本文初稿写于 2001 年,全国马克思列宁主义经济学说史学会第八次学术讨论会论文。首次公开发表。

商品对购买者的主观效用决定。商品价值与使用价值的二重性变成了使用价值(效用)的一重性。表面上看理论被简化了,实际上理论因此而陷入了不可克服的矛盾。商品使用价值是异质的,用它根本无法解释具有社会同质性的商品价格。新古典理论至今仍然为个人效用到社会效用的过渡大伤脑筋,足以表明其理论上的困境。

但在资本理论方面,放弃商品二重性所造成的困难更加突出,更具有破坏性。由于否认资本形态的二重性,人们无法弥合资本的所谓"金融"概念与"技术"概念之间的一系列逻辑矛盾,不能在资本金的可自由转移和资本品组合的技术确定性之间建立通道,不能在资本的同质性与异质性之间搭起桥梁。在经济学的理论文献中,不仅资本定义飘忽不定,资本功能模糊不清,甚至有关资本的用语也变得五花八门。

资本定性的困难必然影响到它的定量。新古典主义否定劳动价值理论,因而也就否定了用商品生产的社会必要劳动时间作为资本计量的社会尺度。但是这样一来,资本的计量就成了无法解决的难题。经济学向来以为,资本有其可通约可加总的社会计量单位,并且由于市场套利机制的作用,等量资本的市场报酬趋于等一,这就是资本市场的一般利率。但是,现实经济中的资本品具有异质性,不同的资本物品有其自身独特的"技术"计量单位,资本的统一计量单位只能是货币单位(即"资本值"),它以资本品的价格确定为前提。在新古典的理论框架中,消费品价格是用边际效用理论(选择偏好理论)来解释的,而生产要素的价格则用边际生产力来解释。特定资本品的服务价格由这一资本品在生产中的最后一个投入单位的产出品价格(边际产出)决定,这个服务价格就是该资本品的利息,而资本值,则可以由这一个别资本品利息除以市场一般利息率反推出来(资本值=个别利息/一般利息率),这就是所谓的预期收入还原为资本的方法①。很明显,

---

① 马歇尔:《经济学原理》下卷,商务印书馆 1965 年版,第 257 页。

这里存在着循环论证,资本品价格确定依赖于一般利率,一般利率的确定又依赖于社会资本价格,新古典主义在资本计量问题上陷入了不可自拔的泥潭。

问题并没有到此为止。基础理论上的重大漏洞必然会在有关资本理论的方方面面反映出来。第一,由于商品生产中资本技术构成的差异,利率水平的变化对不同资本品的价格水平会有完全不同的影响,进而影响到社会资本的总价格,同样的社会资本品存量,会随着利率变动而表现为很不相同的资本总量。第二,根据要素边际生产力定价的理论,隐含着边际生产力(边际报酬)递减,以及在更低的要素报酬率前提下会有更多要素投入的基本假定。它不能解释在不同的工资/利率水平上,劳动密集型技术与资本密集型技术相互转换的现象,这就是资本理论争论中著名的技术转换问题。

此类问题还可以列举出许多。很显然,资本问题是新古典经济学理论体系的"软档"。最早意识到这一点的新古典经济学家可能是威克赛尔,他认识到,企图把资本值作为一种生产要素与劳动和土地要素并列,意味着循环论证,因为资本和利息率是作为成本进入到资本品本身的生产中去的,进入生产函数的资本价值取决于利息率,并随利息率的变化而变化。而劳动与土地则没有这个问题,因为"劳动和土地各自以本身的技术单位来计量",而资本"一般被认为是交换价值的总和"。威克赛尔进而指出,就使用异质资本品的生产体系而言,要根据总资本来描述报酬递减是不可能的,原因是:资本存量的变化可能与价格体系的变化有关联,因而,不可能对变化前和变化后的资本量作出比较。这就是经济学所称的威克赛尔效应。

二、经济学关于资本理论的争论

经济学关于资本理论的"两个剑桥之争"起始于 20 世纪 50 年代。英国剑桥大学的琼·罗宾逊发表论文"生产函数和资本理论"，率先对新古典的资本理论提出挑战，她不仅明确指出：新古典主义的分析框架中"任何社会资本的实际度量都存在着内在的困难"，而且进一步提醒人们注意一种"稀奇现象"，即机械化程度与较高工资率和较低利润率之间的联系，可能比它与较低工资率和较高利润率之间的联系要弱。显然这与新古典经济学的基本假定相悖。此后，新剑桥学派的戴维·钱珀瑙恩等人相继撰文对新古典的资本理论发起攻击。1960 年，斯拉法推出名著《用商品生产商品》，以严谨的逻辑和独特的方式，从理论上证明了所谓技术转换和资本倒流现象的存在，从而奠定了对新古典理论批判的基础。

斯拉法利用线性生产函数讨论工资、利润与价格体系的关系，证明了按照特殊的计量标准，一个经济体系中的工资或者利润率可以作为自变量，"具有独立于任何价格的意义，并且在价格决定之前就可以被'给定'"。以对任何经济体系具有唯一性的"标准纯产品"（R）为尺度，工资（w）和利润率（r）之间存在着以下关系[①]：

$$W = 1 - \frac{r}{R}$$

又因为生产商品的劳动是在不同时期逐步投入的（生产资料可以还原为过去某一时期的劳动，生产生产资料的生产资料则可以还原为更早时期的劳动，如此等等），利润率的改变对不同时期的劳动转化为价格有很不相同的影响，一般地说第 N 期劳动（La_n）的价格有下列公式：

$$La_n = (1 - \frac{r}{R})(1 + r)^n$$

作为商品价格的组成要素，这些不同时期劳动项目"不同比例的结合，

---

① 斯拉法：《用商品生产商品》，商务印书馆 1963 年版，第 39—41 页。

会随着利润率的改变而产生几种上升和下降的复杂价格改变型式"①。这和资本——劳动比率与利润率之间成逆相关的新古典原理相违背。它造成"在生产方法不变情形下,相对价格变动方向的逆转",因此,"和作为独立于分配和价格的一个可以计量的数量的任何资本概念,不能调和。"②

处于主流地位的新古典理论不能不认真对待挑战,《用商品生产商品》出版之后,西方经济学界掀起了一场关于资本理论的活跃的讨论,包括保罗·萨缪尔森和约翰·希克斯在内的许多新古典领军人物都参加了这场争论。争论导致 1965 年在罗马召开的经济计量学第一次世界大会上对此主题的集中讨论,以及《经济学季刊》1966 年 11 月号《资本理论方面的反论:专题论文集》的出版。20 世纪 60 年代,可以看作资本理论讨论最集中的时期。到 70 和 80 年代,讨论仍继续进行,虽然没有那样集中,但一些经过深思熟虑的学术专著正是在这一时期出版,如希克斯的《资本与时间》(1973年),帕西内蒂的《结构变动与经济增长》(1981 年)等。通过讨论,人们越来越清楚地认识到资本理论的悖论与新古典经济理论的一系列基础性原理的内在联系,除非完全无视资本结构的多样性、生产要素的互补性、技术变化的非连续性及其"期限参数"的差异性(希克斯,1973 年)这些普遍存在的经济事实,资本理论的一系列悖论是不可能被消除的。

帕西内蒂总结道:"资本理论中出现的困难,大多可以寻根溯源到'资本'可以有两种基本不同的表达方法这个事实上:(1)资本可以表达为'自由'资金,可以不太困难地从一种用途转移到另一种用途上去,这就是所谓资本的'金融'概念;(2)资本可以表达为在特定生产机构内进行的生产过程中所包含的一组生产要素,这就是资本的所谓'技术'概念。""要使资本的'金融'概念和'技术'概念一致起来,在逻辑上是不可能的,只有十分有

---

① 斯拉法:《用商品生产商品》,商务印书馆 1963 年版,第 43 页。

② 斯拉法:《用商品生产商品》,商务印书馆 1963 年版,第 44 页。

限的情况除外。""迄今对这种分析性结论已经几乎没有争论。但对这种结论的意义和对经济理论的实质作用依然存在很大的争议。"①

三、争论对于经济理论的意义

对于新古典主义范式来说,这场争论的意义其实是清楚的。

由于理论讨论的充分展开,人们不得不承认传统理论的"严重缺陷",尽管许多忠诚的新古典主义者力图克服这些缺陷,但经过努力终于发现,除非将理论限定在不合情理的狭隘范围内,如要求资本结构(资本期限参数)不变,或者要求生产技术变化完全连续、生产要素之间不存在互补性等等,否则,所谓资本的反常现象就无法排除。要么新古典理论承认自己只是一种适用于特殊条件的局部性理论;要么将总体资本(金融资本)概念,以及利润率与资本—劳动比率成单调关系的理论信条从新古典框架中清除出去,以维持理论的普遍适用性。权衡利弊,新古典主义只能选择后者。

事实上,还在资本理论的争论发生前很久,少数有洞察力的理论家已经提出了类似主张。F.H.奈特在 20 世纪 30 年代就曾经撰文主张"没有资本的资本理论"。他认为,利息率是可以根据瞬息投资率及其引起的未来收益的额外流量的现值来确定的,因此,没有必要提及资本量而陷入逻辑上的恶性循环。在资本理论的争论过程中,一位虔诚的新古典理论家如此写道:"要在一种具有异质资本品投入的经济中构筑增长与利率的模型,根本不需要'资本'这个概念:微观经济的生产函数可以按照那些投入的物质单位直接加以指明。"②这就是说,在新古典的一般均衡模型中,总量资本概念被清

---

① 《资本理论:悖论》,源自约翰・伊特韦尔等编《新帕尔格雷夫经济学大辞典》第 1 卷,经济科学出版社 1996 年版,第 398 页。
② 《资本的反常现象》,源自约翰・伊特韦尔等编《新帕尔格雷夫经济学大辞典》第 1 卷,经济科学出版社 1996 年版,第 387 页。

除,而剩下的只是异质的资本品概念了。

对于新古典主义来说,这已经不是第一次了。第一次是在理论的深入讨论证明主观效用价值论的逻辑缺陷之后,新古典主义断然抛弃商品价值概念而保全自己理论逻辑的一致性。这一次在抛弃价值概念之后再抛弃资本概念,目的依然是保全自身理论逻辑的一致性。但是,资本概念与价值概念不同,它并非完全隐藏在经济现象的背后,因此至少从表面上看可有可无,资本和商品、货币一样,在市场经济的日常运作中无处不在。因此,纯经济理论固然可以抛弃资本范畴,日常经济生活却不能一日没有资本。总量资本概念以及新古典理论关于资本的"比喻"(利润率与资本—劳动率具有单调关系),在应用经济学领域仍然在广泛地发生作用。这对于新古典经济学的主流地位不能不说是严重威胁。

对于马克思主义经济学来说,这场争论的理论意义至今仍然不够清晰。

一方面,在争论中新古典经济学深层次的逻辑矛盾被充分讨论,这就为马克思主义经济学展示其分析优势提供了机会。争论表明,一个没有价值理论的经济学体系不可能理解商品价值与使用价值的对立统一,因此也不可能理解资本范畴的性质,不可能理解资本范畴中所包含的现代市场经济的内在矛盾性。这对显示商品二重性理论和劳动价值理论的解释力无疑是重要契机。

但是另一方面,这场争论中对新古典主流理论采取咄咄逼人攻势的主角,是继承古典经济学传统的新剑桥学派。社会主义各国的马克思主义经济学者,由于众所周知的原因,完全置身于争论之外,由于学术氛围的封闭性,他们中的多数人甚至连就近观察这场争论的条件都不具备。西方各国的马克思主义学者也没有成为这场争论的主角。像斯拉法这样的学者自然是有鲜明学术倾向的,他们主张"恢复和发展古典经济学家的更全面的学说",当然他们主张的不是"回到马克思",而是"回到李嘉图"。这场争论的最重要的理论遗产显然在斯拉法、帕西内蒂和加列格纳尼等人的论著中。但迄今为止，我们对这个学派成果的介绍极少（据作者所知，似乎只有斯拉法的《用商品生产商品》有中译本），更不用说去系统研究了。这一现象与我们在新古典综合经济学的介绍和研究中投入的大量人力和物力极不对称。可以肯定，从马克思主义经济学的立场出发对这场争论理论意义的研究是不充分的，而如果这其中的确存在着马克思主义经济学的发展机遇，那么，在社会主义市场经济发展的新形势下，我们就有必要回过头来重新深入研究这段理论史及其理论成果。即使亡羊补牢，也还不算太晚。

四、斯拉法、加列格纳尼等人的理论成就

从马克思主义经济学的立场出发，斯拉法与加列格纳尼等的理论成就应当充分肯定。

斯拉法等人是努力恢复古典主义传统的现代经济理论家。他们的论著从理论形式与数学工具上看是"高度现代化"的。但是，从范式特征与分析框架看，却又是典型古典主义的。以下三点可以看作他们的共同特点。

第一，斯拉法等人用线性生产函数技术讨论经济学的基本理论问题：工资、利润和价格体系等，而完全不依赖于消费者的需求函数。这种分析方法本质上与古典经济学的分析方法一致，而与新古典的依赖于供给与需求平衡的一般均衡理论完全不同。按照古典主义传统，经济学的根本问题不在于描述供需矛盾中的商品价格短期波动，而在于理解商品价值变动的长期趋势。因此供需平衡问题不在经济学理论的核心之内。正如马克思所说的："如果供给和需求相互平衡的话，那么，它们将不能解释任何事情。"当然，从形式上看，现代生产函数的线性方程组比起李嘉图、马克思等人的单个商品价值构成公式要复杂得多，或者说先进得多，但这只是分析工具的差

异,而不是理论内核的差异。

第二,斯拉法等人坚持用商品生产中耗费的劳动量作为价值决定的基础。斯拉法认为商品生产的全部费用都是直接或间接投入的劳动,都可以还原为"有时期的劳动量"。笔者以为这种分析从本质说,与古典经济学的劳动价值论没有差别。所不同的是,这里用两种时间参数,而不是一种时间参数来描述商品生产的劳动耗费:一种是劳动时间本身(这和古典经济学家们没有区别);另一种是劳动投入的期限。马克思只是区分了现在劳动(活劳动)与过去劳动,而斯拉法则将马克思所说的"过去"数量化了。因此从本质上说,新剑桥学派的价值理论仍然是劳动价值论,只不过比古典经济学的劳动价值理论更精细而已。

第三,也许是最关键的一点是,斯拉法等人坚持了一种被称作"剩余分析法"的经济学基本分析框架,坚持认为工资与利润是对已经确定的社会纯产品的分配,二者此消彼长,并且受制于既定的社会纯产品总量;而它们的分配与价格体系的决定却可以分开讨论,二者不在同一分析层面上。由于古典经济学用一个极简单的公式阐明上述思路:社会纯产品-必要消费品=社会剩余,因此它又被称作"剩余分析法"[①]。斯拉法等人现代形式的理论虽然与此有些区别,但基本的共同点仍然被保留,而这种分析框架与新古典理论的区别则是根本性的。在新古典的一般均衡理论分析中,社会产品、工资利润、价格体系全都是同时决定的,也正是这种同时决定,衍生出资本悖论以及与此相关的一系列逻辑矛盾。

斯拉法在《商品生产商品》一书中的全部理论努力,可以归结为:在一个反映社会生产的线性方程体系中,寻找符合古典剩余分析法要求的,不受价格体系变化影响的,关于工资与利润分配的稳定内核。为此,他给出如下

---

① 《价值和分配理论中的剩余分析法》,源自约翰·伊特韦尔等编《新编帕尔格雷夫经济学大辞典》第4卷,经济科学出版社1996年版。

价格方程

$$P = (1+r)AP + Wl$$

其中 P 是正常价格的列向量，A 是物质投入的方阵，l 是直接劳动投入的向量，而 r 是利润率，W 是工资率。通过建立对该系统具有唯一性的标准体系和标准纯产品（R'）概念，斯拉法最终找到了与古典剩余公式极为相似的现代剩余公式，其中的基本数量关系也与古典经济学一致。[①]

$$r = R'(1-W)$$

此后，加列格纳尼在深入研究马克思剩余价值理论的基础上，用现代方法讨论从价值到生产价格的转化问题。他先用一个类似斯拉法的价格方程解决了生产价格的计算问题，指出马克思解决问题的方向是正确的，但其平均利润率等于社会剩余价值总量与资本总量之比的结论是错误的；进而又利用"综合工资品部门"的净产出与其所付工资物质上同质，其利润量等于两种工资品物质量的差额这一特点，提出用"有时期劳动量"的数据计算从剩余价值到利润转化的公式，即加列格纳尼的"利润函数"。在这种定性与定量结合研究的基础上，加列格纳尼提出对马克思的两点修正：第一，资本有机构成不能用 c/v 这样的简单算式表示，"而应当用生产工资品必须的劳动在不同时间的比例分配来表示"，即用"有时期的劳动量"来表示。第二，决定剩余价值到利润转化数量关系的不是全社会资本有机构成的变化，而是综合工资品部门的有机构成变化。[②]

可以肯定，此类研究对马克思主义经济学在当代的发展具有极其重要的借鉴意义。中国的马克思主义经济学者在这方面所花工夫太少，这是应当引以自责的。

---

① 斯拉法：《用商品生产商品》，商务印书馆 1963 年版，第 37 页。

② Garegnani, P. 1984. Value and distribution in the classical economists and Marx. Oxford Economic Papers 36 (2), May. 291-325.

参考文献:

[1]马克思.资本论[M].北京:人民出版社,2004.

[2]马歇尔.经济学原理[M].北京:商务印书馆,1965.

[3]斯拉法.用商品生产商品[M].北京:商务印书馆,1963.

[4]萨缪尔森.经济学[M].第14版.北京:北京经济学院出版社,1996.

[5]约翰·伊特韦尔,等.新帕尔格雷夫经济学大辞典[M].北京:经济科学出版社,1996.

[6]Hicks, J. 1973. Capital and Time. A Neo-Austrian Theory. the Oxford: Clarendon Press.

[7]Garegnani, P. 1984. Value and Distribution in the Classical Economists and Marx. Oxford Economic Papers and 36(2), May. 291-325.

公有资本与资本一般[①]

随着社会主义市场经济的发育,公有资本现象在越来越广阔的范围内发生,并且得到越来越多的人的承认。事实上,在日常经济生活和经济学理论已经承认工资、利润等之后许多年,在股份公司普遍发展,各种所有制成分普遍融合的现实环境下,否认公有资本的存在已经变得越来越不切实际;那种在公有制的场合只能使用资金,而在私有制场合才允许使用资本范畴的规则,也已经渐渐被人淡忘。但是,公有资本概念的普遍使用并不意味着一系列相关理论问题的解决,相反,却使辩明这些问题变得越来越具有现实的紧迫性。本文以下讨论的,就是此类问题中三个最具根本性的问题。

一、马克思的资本一般概念需要修正

既然现代市场经济中存在着私有制条件下的资本和公有制条件下的资本,资本范畴就应当是一个兼有二者共性特征的资本一般范畴,这种兼有私有资本和公有资本共性特征的资本一般究竟应当如何理解,就成为政治经济学必须面对的基本理论问题。

资本一般概念首先是马克思在《资本论》写作过程中提出的,资本一般

---

① 原载于《教学与研究》2004 年第 10 期。

是一种抽象,"不过不是任意的抽象,而是抓住了与所有其他财富形式或(社会)生产发展方式相区别的资本的特征的一种抽象。资本一般,这是每一种资本作为资本所共有的规定,或者说是使任何一定量的价值成为资本的那种规定"①。但在马克思那里,资本一般的内涵不仅包括资本流通中资本价值的"自行增殖"的性质,而且包含了增殖之所以发生的全部奥秘:劳动力商品的买卖,资本对雇佣劳动的支配,剩余价值的生产和资本对剩余价值的无偿占有,资产阶级与无产阶级的对抗性阶级关系等等,它基本等同于资本主义经济制度基本规定性的集合。这样的资本一般概念不可能完全适用于今天的经济现实。

但仍然有不少人认为,今天理论构建所需要的资本一般概念直接可以从马克思的原著中找到根据。如罗红英、方晨曦等人根据马克思关于前资本主义社会形态中资本形式的论述,认为在马克思的理论体系中存在狭义资本与广义资本的区分,而广义"资本"范畴,就直接可以适用于今天的"资本一般"②。方晨曦等人的文章比较全面阐释了马克思在这方面的观点:

"对比资本主义社会以前的资本和资本主义社会的资本,我们不难发现它们作为资本具有质的共同性。主要是:第一,必须以商品经济的存在为前提;第二,具有增殖性;第三,具有运动性;第四,可以以各种具体形式存在,包括货币、物资等,但本质是价值形态;第五,体现着在物掩盖下的人与人关系。通过比较我们也不难发现二者在发展程度上的差别,主要是存在的客观条件不同:前资本主义社会的资本存在于小生产和简单商品经济条件下,因而运动表现出间歇性,增殖表现为有限性。而资本主义社会的资本存在于社会化大生产和发达商品经济条件下,因而运动表现为连续不间断性,增殖表现为无限性。这一差别表明前者具有明显的不成熟性。尽管有着这样

---

① 《马克思恩格斯全集》第 46 卷上册,人民出版社 1972 年版,第 444 页。
② 参见罗红英《初论"公有资本"》,《贵州民族学院学报》1998 年第 4 期。

的差异,仍然不妨碍我们得出这样的结论:资本不属于资本主义社会的专利品。"①

但这里的结论仍然是不准确的,既然前资本主义社会形态中的资本是发展不成熟的资本,表现出间歇性和有限性的资本,那么,结论仍然只能是:成熟的资本范畴属于资本主义社会。我国社会主义市场经济的现实要求我们重新定义的,正是马克思原著的这一基本结论。

马克思是在对他那个年代的资本主义经济现实中所观察到的个别资本和特殊资本中抽象出资本一般概念的,在马克思的范畴体系中与资本一般概念相对应的特殊资本形态是:产业资本、商业资本和借贷资本,而这每一种特殊资本形态又都是在无数个别资本(资本主义企业)的观察中概括出来的。马克思不可能超越自己的历史时代去概括一个包括了私有资本、公有资本以及混合所有制资本在内的资本一般概念。这一理论抽象的任务只能由当代的马克思主义者来完成。

由于公有资本这一新的历史事实的出现,马克思主义经济学范畴体系中资本特殊的分类就不再只是按产业划分这一个维度了,由资本所有权分类成为资本特殊的另一个维度,因而形成以下分类矩阵。

	产业资本	商业资本	借贷资本
私有资本	私有产业资本	私有商业资本	私有借贷资本
混合资本	混合产业资本	混合商业资本	混合借贷资本
公有资本	公有产业资本	公有商业资本	公有借贷资本

本文所谓的资本一般,就是包括了以上所有特殊资本形态的共同特征的抽象概念,也即所有这些特殊资本的共性特征②。不难理解,这个资本一

---

① 方晨曦、龙运书、吴传一:《试论"公有资本"》,《西南民族学院学报(哲社版)》1999 年第 1 期。

② 一般是从特殊中抽象出来的共性特征,这一点本来应该是很清楚的。但是,洪银兴教授以下的说法却使人困惑:"现阶段的公有资本和私人资本都是资本的特殊形式,都含有资本的一般规定,各自所包含的资本一般规定性又是有差别的。"(洪银兴,2002)这种"有差别的一般性"让人真不知如何理解是好。

般范畴相对于《资本论》中马克思所定义的资本一般,概念的外延扩大了,而概念的内涵则有所缩小。

二、资本一般内涵的再界定

　　一种较为流行的观点是,既然资本范畴已经成为社会主义与资本主义经济制度的共有范畴,它就只能反映经济过程的物质内容,而不应继续表征经济过程的任何社会形式。[①] 这种观点是不能令人信服的。马克思主义政治经济学区分经济过程的物质内容与社会形式,与其历史哲学中生产力与生产关系的划分直接相关,前者指人的物质生产过程中直接以产出最大化为目的的活动内容,包括与提高生产效率直接相关的技术、工艺和劳动的分工协作;后者则是指处理生产过程中人的权利与利益关系的制度安排,即一般所谓产权制度。马克思的资本理论认为,资本是建立在物质内容之上的经济关系,是物质内容在特定历史条件下得以显现的社会形式。既然社会主义与资本主义经济制度共有着一个资本一般概念,那我们就只能理解为两种社会制度在生产关系上也存在着某些共同的性质。

　　其实这样的理论选择对我们来说已经不是第一次了,当我们确认当代社会主义与当代资本主义共处于全球市场经济的大背景,同处于现代市场经济的历史阶段,我们所确认的就不仅仅是两种社会经济制度的共同的或者相似的社会生产力基础,而且也包括了二者所具有的广泛的制度共性,即生产关系层面上的共性特征。如商品二重性中所包含的劳动的二重性,商品所有权的排他性质,经济主体相互当作外人看待的关系,等量劳动相交换的法权关系,市场竞争、优胜劣汰以及市场竞争必然导致的一定程度的贫富

[①] "《资本论》体系的所有范畴包括'资本'范畴,都具有两重性。作为'资本一般',它是属于一般劳动过程的范畴;作为资本主义经济中的'资本',它是特定的社会经济形式的范畴。前者在社会主义经济中同样存在。"(李炳炎,1999 年)

差异等等。把所有这些商品经济的一般性质看作纯粹的劳动过程，是不可想象的。同样地，我们也不能把包含公有资本与私有资本在内的资本一般，看作生产关系之外的经济范畴。资本不是物，而是一种经济关系，这结论对于我们今天所说的资本一般概念同样是适用的。

简新华提出"资本中性论"，仍然认为资本是一定经济条件下的产物并体现人们的经济关系，只是进一步提出资本并不一定只体现剥削关系。传统的"资本实物论"否定资本体现生产关系；马克思认为资本体现生产关系，在资本主义社会中体现资本家剥削雇佣工人的关系，可以称之为"资本生产关系论"或"资本剥削论"；"资本中性论"则在"资本生产关系论"的基础上进一步提出资本可以体现多种经济关系，所以又可称之为"资本多元关系论"。①

在我们看来，资本中性的提法仍然显得含混，无助于厘清问题。我们所说资本一般直接就是有关生产关系的范畴，体现了私有资本关系与公有资本关系中生产关系的某些共性特征。因此，说资本可以体现多种经济关系，用资本多元关系论来反对资本实物论，并没有抓住问题的要害。事实上，所谓资本实物论，或者资本是一般劳动过程范畴的观点，恰恰把资本理解为随处可用的工具，因此是可以适用于任何一种经济关系的。

那么，这些包含在公有资本与私有资本之中的生产关系的共性特征究竟是什么呢？在这个问题上，国内已经有许多学者作了大致相近的理论表述，其中除了商品经济的共同特征之外，最重要的性质就是资本以剩余价值为目的的价值运动过程。进一步说，资本之所以能够在运动中实现价值的自我增殖，又总是与劳动力商品的买卖，以及这种商品价值与使用价值的特殊性质相关联的。资本能够迫使劳动者超出纯粹消费目的的必要劳动之外提供剩余劳动，并且无偿占有之，再通过资本的流通过程使劳动者创造的剩

---

① 简新华、马迪军：《论社会主义资本理论的几个难题》，《当代经济研究》2003 年第 4 期。

余价值得以实现。而在这样的经济运动过程背后，我们还可以看到，生产的物质资料所有者的权利与利益，与生产的人身条件的所有者的权利与利益相互分离，相互对立，以及资本对劳动的外在强制性。资本的自行增殖是以对工人劳动的无偿占有为基础的。[①] 马克思的这一科学结论继续有效，而且继续适用于社会主义市场经济下的公有资本关系。

理解上述问题的障碍主要来自政治经济学传统观点的某些思维惯性，其一是传统政治经济学对生产关系的理解总是和阶级关系纠缠在一起，总是把生产关系等同于特定社会阶级的所有制关系，同一社会阶级内部，包括劳动者阶级内部的经济权利和经济利益关系，似乎就不再是生产关系的内容了。其次是传统政治经济学根本上否认社会主义生产关系内在矛盾的思维定式，讲公有制就只讲劳动者阶级的共同占有和共同利益，忽视或者低估劳动者集体内部整体与个人利益的差异，及其可能引起的矛盾冲突。当然，说"公有资本体现的是劳动者共同占有资本和剩余价值的关系"[②]，这话不能说错，但如果将此作为公有资本本质特征的概括，则显然忽略了资本一般所体现的生产条件分离状态，以及要素所有者之间的权利差异与利益矛盾。至于说"社会主义的现代企业制度所力图实现的资本增殖"，"体现自由人联合体精神的一种最新型的资本增殖关系"[③]，那就更加将人们的思维引向与资本范畴的本来含义完全相反的方向上去了。资本一般，即使是包含在公有资本概念中的资本一般（它和包含在私有资本概念中的资本一般是同一个东西），绝不是什么浪漫主义的乌托邦，它是一个与当代经济现实密切相连的实事求是的理论概念，因此包含着一些我们并不喜欢，却又不能不接受的内容。唯其如此，它才是一个有用的科学范畴，值得我们深入地研究。

---

① 童水栋在其论文《正确认识社会主义市场经济中的资本范畴》中正确引证了马克思的这一论断。遗憾的是，他坚决否认社会主义市场经济中资本的自行增殖建立在这一基础之上。（童水栋，2002）他的观点在当前似乎仍然具有一定的代表性。

② 简新华、马迪军：《论社会主义资本理论的几个难题》，《当代经济研究》2003 年第 4 期。

③ 冯子标：《革新资本观念，促进体制改革》，《生产力研究》1996 年第 3 期。

三、公有资本与私有资本的差异性

公有资本与私有资本的区别当然在于所有制。公有制根本区别于私有制，生产资料不为私人所有者占有，剩余价值不为任何私人所有者占有，公有资本是一种没有资本家的资本关系，因此也就不再是阶级对抗关系、阶级剥削关系，而成为劳动者阶级内部经济权利与利益的对立统一关系。从深层次上讲，公有资本是劳动者整体利益与个人利益、长期利益与短期利益的矛盾，表现为公共积累与个人消费的冲突，公有资本对利润的追求，剩余价值的公共占有与公共所有的剩余价值向公有资本的转化，是经济与社会进步的杠杆，但对大多数劳动者个人来说，它仍然是一种外在的强制。从现象形态看，这种利益矛盾表现为资本与劳动的市场合约，表现为资本所有者的代表机构、代理人、企业经营者与企业职工和雇员的关系，资本的外在强制力在市场竞争中，在企业内部的等级制关系中实现。由于代理人的机会主义行为，现实经济关系的错综复杂，经济制度的本质关系并不总是清晰可辨。但公有资本的存在仍然是不可否认的事实。所有社会成员都在这个制度结构中扮演着多重角色，并且按照这一制度结构的内在逻辑展开博弈。当我们运用这一理论框架分析复杂的现象世界的时候，我们无意认定整体利益的代理人天然具有大公无私的品格，进而公有资本的利益可以得到充分保障，但我们也不能同意那种将整个制度虚无化的理论倾向①。生活的经验告诉我们，公有资本与私有资本存在着可以辨认的差别。

当然，公有资本是一个矛盾体，这一点在其概念的字面上也有充分体

---

① 周其仁批评我关于现实经济中的公有制企业存在着公共产权与个人产权的排他性关系的判断（荣兆梓，1996），认为这种判断只是着眼于"公有制在法权上的权利规定"，而不是"事实上的权利"（周其仁，2000）。但他没有注意到，一种仍然在现实经济中发挥作用的法权规定，就是一种"事实的权利"。权利的部分被侵蚀不等于权利的虚无。

现。现代经济中的公有制自然是指劳动者公共所有制,而资本概念,就其本来含意又是指生产资料所有者与劳动力所有者的市场合约,劳动力买卖合约,它以两大要素所有者的分离为前提。从这个意义上说,劳动者公共所有的资本是与资本概念本身相矛盾的。这种矛盾现象的存在充分显示了社会主义公有制本身的矛盾。[1] 社会主义公有制不是生产资料与劳动力两生产要素直接结合的经济制度,也不是马克思预言的自由人联合体。20世纪社会主义的实践证明,绝大多数公有制经济组织内劳动者集团与所有者集团并不完全同一[2]。经济规模越大,分工越深入,两个集团相统一的可能性越小。传统国有制经济的法定所有者是一个国家的全体公民,但国有制企业的职工,全部国有经济的职工只能占全国劳动人口的一部分,往往是比例很小的一部分。集体经济中所有者集团与劳动者集团的分离也是常见的事,社区集团集体所有制经济的职工集团与社区居民不可能完全同一,即使是企业职工集体所有制,市场经济下也可能出现劳动者与所有者分离现象,导致各种各样的职工身份差别。对于大规模公有制经济组织而言,这种错位和分离非常常见,甚至可以说是必然现象。这种公有制经济内部所有者集团与劳动者集团的错位和分离,乃是公有资本产生的前提条件,在市场经济条件下,不可避免地导致劳动力商品的买卖。进一步探讨产生这种分离的原因,我们认为,现代生产力的历史特点所决定的劳动者个人利益与社会利益的矛盾,是根源所在。

　　社会主义公有制是建立在劳动者公共利益与个人利益矛盾基础上的。这对矛盾深深植根于现代生产力的土壤。一方面,现代生产力的发展伴随着专业化分工的不断深化,这种被称为迂回生产的现代生产力发展方式,意味着生产的中间环节的不断增加和迂回生产链的不断延长。因此,相对于

---

[1] 荣兆梓:《公有制实现形式特征刻画的多维模型》,《经济研究》2001年第1期。
[2] 荣兆梓:《公有制实现形式特征刻画的多维模型》,《经济研究》2001年第1期。

最终产品生产投入的劳动而言,中间环节的劳动投入规模越来越大。这在商品价值构成的层面上表现为不变资本份额的增大,要求持续不断的资本积累,即剩余价值向资本的转化。简言之,现代生产力发展的特点决定了剩余价值的生产和积累是社会进步的杠杆。另一方面,对于劳动者个人而言,现代生产的发展仍然不够充分,劳动时间过长,分工形式又与人的个性发展相矛盾,劳动仅仅是外在的目的性,是劳动者谋生的手段,个人对于超出生存需要之外的劳动毫无兴趣,劳动与闲暇的对立始终构成劳动者个人效用计算的依据。因此,必要劳动与剩余劳动处于对立状态,个人不愿意为社会利益而将劳动时间延长到满足个人及家庭消费所需要的必要劳动时间之外。个人利益与社会利益的差异与冲突。积累与消费的对立,资本与劳动的对立,就是这一系列生产力发展的历史条件的结果。诚如马克思所言,资本的历史使命就在于"创造这种剩余劳动即从单纯使用价值的观点,从单纯生存的观点来看的多余劳动"①。

公有资本克服了资本关系中两大阶级的对立,消灭了资本对劳动的阶级剥削,但却不可能同时消灭由现代生产力特征所决定的个人利益与社会利益的矛盾,不可能避免社会利益以外在强制方式迫使劳动者个人把劳动时间延长到必要劳动时间之外。恰恰相反,公有资本不过是这种强制性剩余价值生产的特殊形式和特殊方式。相对于资本主义私有经济中的建立在阶级对立基础上的强制劳动和剥削关系,公有资本无疑是一种历史进步,但它离共产主义的自由个性社会和自由人联合劳动还有很大的距离。这是个历史的过渡期,但这个"过渡时期"绝不是几年或者几十年,很有可能需要几百年甚至更长时间。

---

① 《马克思恩格斯全集》第 46 卷上册,人民出版社 1972 年版,第 287 页。

参考文献：

[1]马克思恩格斯全集[M].北京：人民出版社,1972.

[2]罗红英.初论"公有资本"[J].贵州民族学院学报,1998(4).

[3]方晨曦,龙运书,吴传一.试论"公有资本"[J].西南民族学院学报(哲社版),1999(1).

[4]洪银兴.社会主义条件下的私人资本及其收入的属性——马克思资本理论的现代应用[J].中国社会科学,2002(4).

[5]李炳炎.略论"社本"型市场经济的性质与形成[J].南京经济学院学报,1999(3).

[6]简新华,马迪军.论社会主义资本理论的几个难题[J].当代经济研究,2003(4).

[7]童水栋.正确认识社会主义市场经济中的资本范畴[J].西北农林科技大学学报(社科版),2002(6).

[8]冯子标.革新资本观念,促进体制改革[J].生产力研究,1996(3).

[9]周其仁.公有制企业的性质[J].经济研究,2000(11).

[10]荣兆梓.论公有产权的内在矛盾[J].经济研究,1996(9).

[11]荣兆梓.公有制实现形式特征刻画的多维模型[J].经济研究,2001(1).

公有资本与平等劳动①

公有制是联合劳动者共同拥有生产资料，自己管理生产过程的经济关系；资本是生产的物质要素与人的要素相颠倒的关系，资本家阶级拥有生产资料，通过劳动力商品买卖迫使劳动者服从自己的管理与指挥。公有制与资本这两个概念连到一起，其矛盾冲突是显而易见的。中国特色社会主义在实践中早已经普遍使用了公有资本概念，但是政治经济学至今没有形成令人信服的逻辑，给公有资本在社会主义政治经济学范畴体系中一个正当的名分、合适的位置。事实上，公有资本范畴在社会主义政治经济学体系中具有极其重要意义，弄清楚这个概念是打通整个理论体系脉络的关键。本文以下将基于平等劳动内在矛盾分析展开公有资本从可能性到现实性的理论逻辑，用社会主义经济改革丰富的历史经验来诠释这一政治经济学理论范畴的深刻内涵。②

一、国家辛迪加：两个劳动者集合的偏离

资本的形成以劳动力成为商品为前提，而劳动力成为商品的社会历史

---

① 原载于《上海经济研究》2018 年第 12 期。
② 参见荣兆梓作《社会主义政治经济学体系中的平等劳动范畴》，《理论与现代化》2018 年第 5 期。

条件是:生产的物质要素与人的要素相分离,它们只能通过劳动力商品的买卖才能结合到一起,从而创造出价值和剩余价值。这个前提条件在社会主义公有制中还存在吗? 还有可能形成吗? 历史的事实告诉我们,这个前提条件是存在的,或者说是有可能存在的,它一开始就潜伏在社会主义公有制的制度基因中。

社会主义公有制条件下的劳动者具有双重人格,它既是生产资料的公共所有者,又是劳动力的个人所有者。作为生产资料的公共所有者,它不拥有劳动力所有权,而作为劳动力的个人所有者他也不直接拥有生产资料的所有权。两个所有权之间的排他性决定了两个人格之间的等量劳动交换,构成平等劳动的基本经济关系①。典型状态下,这里存在两个相互重叠的劳动者集合:劳动力个人所有者集合与生产资料公共所有者成员集合,两个集合完全重叠:每个劳动力个人所有者都是生产资料公共所有者的组成成员,并且只是这一个公有制组织的成员;而公有产权的全体成员也无一例外地为这个公有制经济组织劳动,而且只为这一组织劳动。换句话说,这是一个完全封闭的制度构造,劳动者与生产资料天然结合,而且不可分割。这就是政治经济学所谓劳动与生产资料的直接结合。但在现实中,我们发现两个劳动者集合完全重叠的情况,只有在小规模组织当中才有可能出现,譬如,在严格按照劳动者身份确定社员资格的职工合作社组织中存在,而在较大规模的公有制组织中很难见到。劳动者两个集合的错位与分离是实践的社会主义公有制经济固有特征,它是形成公有资本前提条件的制度基因。

当公有制的两个劳动者集合错位时,将发生什么情况? 苏联共产党人在建设第一个社会主义经济制度时,就遇到了这个问题。通过剥夺剥夺者所建立的生产资料公有制,在工业经济范围内是一个国家所有制,生产资料

---

① 马克思:《哥达纲领批判》,人民出版社 1965 年版,第 13 页。

为全体人民所有,列宁称之为"国家辛迪加"①。但俄国当时还是一个农民占多数的国家,在大多数的经济落后国家,工业经济都不可能覆盖全社会。因此,全部国有经济只能容纳占人口较小比例的劳动者。也就是说国家辛迪加不能"雇用"这个国家的全体劳动者,国有经济的劳动者集合不足以覆盖生产资料国家所有者成员集合。新生的苏维埃国家是一个工农联盟国家,但它的农业生产资料并不能合并到国家生产资料所有制的范围。土地一开始属于个体农民,后来又归属于集体农民,农业生产过程游离于国有经济之外,国家与农民需要通过市场来实现工农业产品的交换。国家进入工业化过程,工业经济的规模不断扩大,国家所有的生产资料与劳动者之间的联系也不可能始终保持在固定不变的闭环状态。两个生产要素之间这种开放的联系从一开始就利用了劳动力的市场纽带。用政治经济学的术语表示,劳动与生产资料是间接结合的。对于计划经济的政治经济学来说,这个事实当然不完美,因此在政治经济学教科书中被选择性地忽略了。

忽略这一基本事实是政治经济学的巨大损失,政治经济学因此而错过了发现现实社会主义经济制度的一系列重要特征。首先,现实经济中劳动者在生产资料的使用和占有方面存在不平等权利。一部分劳动者,即全民所有制职工,在"国家辛迪加"就业,拥有占有和使用全民所有的生产资料的权利。但是更多的生产资料公共所有者成员(非全民所有制职工),主要是农村居民,不拥有这个权利。两部分劳动者的权利差异,可以从全民所有制职工身份令人嫉羡的事实窥见一斑。这一现象与传统政治经济学的理论逻辑相违背,这一矛盾也没有在传统政治经济学教科书中得到反映。但是,倘若理论要在逻辑上周延,它就必须对这种不平等给出解释。一种可能的解释是,当生产资料的数量和规模不足以保证全部生产资料所有者成员的就业权利时,平等劳动的分工平等可以解释为"按能力分工"的原则,"国家

---

① 列宁:《国家与革命》,人民出版社 1964 年版,第 90 页。

辛迪加"向全体国民公开招聘,择优录取,体现能者上弱者下的公平原则。但实施这一分工原则的机制是怎样的,现实能不能与这一分工原则相符合?这些,在公有制经济发展的最初阶段都还无法给出答案。

其次,覆盖全部工业经济的规模巨大的生产资料并不由占有和使用这些生产资料的联合劳动者直接管理。列宁在《国家与革命》中曾经明确主张,由全体工人直接管理"国家辛迪加"。为了实现这一理论主张,他在1918年起草的苏联共产党党纲中提出"工会国家化"的主张①,即在工会组织的基础上自下而上地逐级构筑起工人阶级的国家机构。但是这一主张很快就在实践中碰壁,作为工人阶级的群众组织,通过工会全体会议民主决策,即使在最基层的企业组织也面临决策效率的障碍。基层经济组织的全体工人大会决策效率不能适应企业组织生产经营决策需要,跟不上外部飞速变化的交易环境,尤其在共和国初期战争环境下,这种管理和决策方式受到了极大的质疑。列宁和托洛茨基等人很快就根据实际情况,提出了管理军事化的主张,实行企业干部自上而下的委派制,恢复了企业内部科层等级制的基本构架。依托工会管理现代经济的主张既然在企业层面都难以实施,"工会国家化"的口号被全面废止也就在情理之中了。十月革命后苏联共产党内关于"工会国家化"的争论提醒我们,工人阶级内部还存在个人利益、局部利益和整体利益的矛盾,即使在公有制经济中劳动者也具有双重人格,它不仅是生产资料公共所有者的成员,而且还是劳动力的个人所有者。集体决策中劳动者个人并不一定以整体利益长远利益为导向,没有集体主义意识形态的制度环境和团队内部强烈的信任氛围,集体利益在集体决策中往往会被漠视或者看轻。这就是为什么共产主义运动必须警惕工团主义倾向的经济学缘由。列宁后来提出工会是"共产主义学校"②的口号,表明

---

① 工会国家化,即"使工会组织与国家政权机关合并"的主张,被写入1918年苏联共产党党纲。参见《列宁全集》第27卷,人民出版社1958年版,第143页。

② 《列宁全集》第32卷,人民出版社1958年版,第2页。

他已经注意到实践背后的深层矛盾。

"工会国家化"主张理论上存在的另一问题是,将公有制经济的决策权交给在全体人民中占较小比例的工人组织,实际上将公有制经济的劳动者集合等同于生产资料公共所有者成员集合,理论上有失之片面之嫌。考虑到工业化初期,工业和农业,工人和农民经济条件的差距,以及工业化进程中国家民族长远利益与劳动群众当前利益不可避免的矛盾,试图以自下而上的工人群众组织代表全民利益直接管理国家经济,充其量也只能是理论乌托邦。20世纪的东方社会主义国家无一例外地选择了马克思主义指导的工人阶级政党引领国家方向的政治体制,并且在实践中取得不俗的成绩,这其中的政治经济学依据还需要更加深入的研究。

二、增加价值分割为必要价值与剩余价值

国有经济中两个劳动者集合的偏离已经包含了公有资本的可能性,而社会主义市场经济的发展则导致公有资本的必然结果。

实践中,国家辛迪加面临的更大问题与排斥市场有关。从经济运行的信息成本考量,一个覆盖全社会工业与商业经济的国家辛迪加能不能准确计量社会范围的供给与需求,有效组织社会范围的生产与流通;能不能深入到每一个基层组织,制定劳动定额,规定工资等级,监督劳动过程,计量劳动成果,实施按劳分配? 所有这些都需要搜寻和处理巨大规模的数据。如果社会计划中心必须集中在中央政府,这里面对的数据存储传输和处理的巨大任务,不仅对社会主义建设初期拥有的信息技术手段,即使对一百年之后的今天我们所能达到的包括人工智能和大数据技术在内的技术手段,也是远远不够用的。事实上,一百年来社会生产力日益发展,社会需求、社会产品日益多样化,生产工艺和科学技术越来越复杂化,经济过程对信息技术要

求更高了。更何况劳动者双重人格和两个利益的矛盾,导致信息过程必须面对激励不兼容和劳动者从个人与局部利益出发所采取的各种机会主义行为,此类非技术性因素造成的困难比单纯的技术问题更大。技术手段永远不可能解决计划经济面临的所有经济社会问题。因此说,单一计划中心的大科层体制不能适应组织社会化大生产的需要,并且在生产力发展中反而与社会化大生产产生越来越大的差距和越来越多的不适应。以市场经济为取向的经济体制改革具有内在必然性。诚如哈耶克所言,市场经济的最大好处是可以充分利用信息分散分布的现状,在分散决策中引导社会资源的优化配置。我们当然知道市场的资源配置功能是有限度的,而且市场机制还有不可避免的负面作用,但是市场仍然是迄今为止社会化大生产最有效的组织手段,它极大解放了国家作为社会经济宏观调控者的手脚,使其能够以更多的精力去关注更重要的社会经济问题。社会主义市场经济已经在中国经历了 40 年的实践,其实际成就举世瞩目,但是这一体制给理论带来巨大冲击至今没有得到政治经济学的充分回应。直面这一冲击,对于中国特色社会主义政治经济学的创新发展无疑是绕不过的关隘。

市场经济对于公有制理论的最大冲突在于,它必须承认劳动是间接社会劳动,而不是直接社会劳动:公有制企业只有完成产品在市场上的售卖,才能证明自己劳动的社会有用性质,以及产品所包含的社会必要劳动量。尽管我们在体制转轨中采取了计划与市场双轨制的过渡性措施,以缓解企业压力,但 20 世纪 90 年代国有企业面临的经营困境,以及大量国有中小企业的退出,充分显示了市场对公有制经济的巨大冲击力。当前国有企业产能过剩的事实再次凸现其劳动的间接社会性质。事实上,即使在计划经济时期,我们的国有企业直接社会劳动的性质也是不完备的,工业产品的社会有用性需要经过广大消费者是否购买的检验,特别是与农民交换的工业品明显具有商品性质。苏联科学院编写的《政治经济学教科书》认为,社会主义制度有计划按比例生产的规律决定了生产的直接社会劳动性质[①],事实上,国家计划中心虽然可以向企业下达指令性计划,却并不能精确预测每个企业与社会需求相匹配的合理产量。要保证企业生产的产品能够为社会完全购买(证明其生产劳动的社会有用性质),保险的做法是将生产计划控制在需求可能性范围的下限。如果这一受技术限制而不得不采取的"计划原则"成为计划当局普遍遵循的"潜规则",那它就从另一侧面解释了"短缺经济"的原因。消费者的"排队现象"可以忍受,它至少保证了企业生产的全部产品都是符合社会需要的。

由于劳动的间接社会性,劳动必须通过商品价值体现社会有用性和社会必要量,产品生产中消耗的物化劳动和活劳动同时表现为生产中所消耗的生产资料转移价值和活劳动创造的增加价值。商品价值只有在交换中转换为货币量才能实现。进一步说,平等劳动在生产中创造并在流通中实现的增加价值 L 需要分配到每个劳动者个人,供其本人与家庭购买生活资料。但是在个人劳动收入分配之前,用来补偿已消耗生产资料的价值部分必须扣除,并且劳动者集体的公共利益与长远利益先要得到保障,这包括"用来应付不幸事故、自然灾害等的后备基金或者保险基金",以及"用来扩大生产的追加部分"[②],而且还应当包括多种多样的公共消费需要。增长价值必须划分为个人劳动收入与公共收入两部分,生产中投入的活劳动量分割为生产个人收入的必要劳动量和生产公共收入的剩余劳动量。用公式表示:$L = V + M$;商品价值量公式 $W = C + L$ 因此可以改写为 $W = C + V + M$。其中 C 是转移价值,V 可称作必要价值,M 则称作剩余价值。

人们对社会主义公有制经济使用剩余价值范畴存在疑虑。苏联《政治经济学》教科书的解决方案是在承认国有经济的特殊商品生产性质,承认剩

[①] 苏联科学院经济研究所编:《政治经济学教科书》下册,人民出版社 1959 年版,第 445 页。

[②] 马克思:《哥达纲领批判》,人民出版社 1965 年版,第 11 页。

余劳动是人类社会不同形态的共有范畴的同时,拒绝剩余价值概念,认为它只适用于资本家阶级对劳动者阶级的剥削关系,而不适用于社会主义的生产中的同志式合作关系①。这种理论方案的谬误在于拘泥于《资本论》的结论,却不遵循《资本论》的逻辑。用《资本论》的辩证的劳动价值论的逻辑分析 20 世纪以来东方社会主义的实践,我们必然得到不同于《资本论》分析 19 世纪资本主义现实的结论。既然社会主义市场经济中的公有制经济组织是商品生产者,其产品的使用价值转化为价值形式,其产品生产中的劳动耗费必须实现为商品价值量才能证明其社会性质,那么,这些劳动耗费中的必要劳动部分和剩余劳动部分也只有转化为商品价值形式,表现为商品价值量,才能够证明其社会有用性和社会必要量。就像平等劳动的必要产品只有通过售卖转换成货币形式,才能满足劳动者及其家庭的消费品购买的需要,平等劳动的剩余产品也必须通过售卖转换成货币形式才能满足劳动者公共利益的需要,用于购买不同种类公共消费品以及扩大再生产所需要的生产资料。市场经济条件下剩余劳动的产品必须转换为价值形式才能发挥其社会功能,这是不言而喻的。政治经济学体系中引入公有制经济中的剩余价值范畴,以及混合所有制经济中的剩余价值范畴,首先是对经济现实的简单陈述,其理论含义则可以继续探讨。这个剩余价值概念所反映的社会生产关系已经与私有制经济中的剩余价值概念不同,因此需要从理论上给出清晰的界定,以说明剩余价值在不同场合的不同含义。但是,从多样化现实中提炼共性范畴仍然具有重要的意义。就像商品价值、货币价格以及相关的经济学概念一样,概念在不同场合会反映不同的经济关系,但概念包含的共性特征仍然不可否定。认清事物的共性是把握不同个性的必要前提,而马克思主义政治经济学从《资本论》的逻辑体系再向前跨越的主要障碍恰恰在于:我们对两种经济制度的共性特征理解不够,进而也很难准确把

---

① 苏联科学院经济研究所编:《政治经济学教科书》下册,人民出版社 1959 年版,第 445 页。

握社会主义与资本主义的本质区别。

随着社会主义市场经济的发展,剩余价值范畴所反映的共性特征越来越清晰,它并不只是表现形式层面的东西:剩余劳动(超过必要劳动时间之外的劳动)——剩余产品(剩余劳动生产的产品)——剩余价值(剩余产品的价值),而且还存在更加深层次的实质内容。

三、公司制改革确立公有资本逻辑

回顾国有经济的改革进程对于理解问题的实质至关重要。

计划经济体制下的国有经济是按照"国家辛迪加"的思路构建的,全部生产资料被束缚在国家机器等级森严的行政框架内,没有取得资本的自由形式,既不能参与自由竞争,也不能实现自我发展。工厂是这个等级体系的基础组织,它生产计划规定的使用价值,使用计划规定的资金限额,用工制度具有明显的政治动员和行政管理色彩,"计划分配"和"不得解雇"便是其显著特点。国有资产都被束缚在一定形式的使用价值上,因而不能作为资本与工人相对立。20世纪70年代末开始的经济体制改革通过"放权让利",逐步在企业内部注入动力与活力,在企业外部营造起市场竞争的环境,不仅使企业产品的销售逐步市场化,而且生产资料的市场交易也逐步取代计划调拨。但是,在国家辛迪加内部科层指挥链上的改革并不能实现企业真正意义上的"自主经营,自负盈亏",政企分开成为改革久攻不克的难点。资本还是在行政等级制的束缚中运转,因此还不表现为资本。相反,市场化初期的改革措施造成了国有经济体制更加尖锐的矛盾:一方面,企业在产品市场不得不靠自己"找米下锅",在自主经营中寻求自我发展;另一方面,这个企业又没有自己独立的资本权力,也没有表示资本意志的资本人格,在要素市场上并不能独立行使自己的权力。20世纪90年代国有企业的大面积溃败即是这一矛盾尖锐化的体现。

20世纪90年代中期开始的现代企业制度改革,将国有大中型企业改造成为股份公司,国有资本所有权与企业经营权分开的产权基础初步形成。国有企业终于成为产权独立的经济体,成为能够自主经营、自负盈亏的公司法人,这才为企业资产资本化提供了法律依据,为企业主体向资本人格转化开辟了通道。90年代后期,国有企业伴随大规模"减员增效"的用工制度变革,部分改变了国有企业"不得解雇"的非市场规则,劳动力市场的双向选择被越来越普遍地运用,公有资本在实践中得到了越来越广泛的承认。公司法人资本挣脱了行政等级制的束缚,在劳动力市场作为资本与它的工人相对立,在资本市场上也取得了自由驰骋的空间。公司制改革解决了改革初期国有企业面临的产品市场与要素市场不对称的矛盾,为社会主义市场经济构造了不可缺少的微观基础。总结近三十年企业改革经验,中国共产党十九届三中全会决议明确提出,国有经济的管理要从管企业为主转到管资本为主,对实践中公有资本的改革取向给予充分肯定。

股份公司制是在资本主义环境下为解决私有资本发展问题而产生的,它一是能够集中分散的社会资本为大资本所用,二是能够"团结"经营管理的专业人才更好地为资本增殖服务,因此被称作20世纪"最伟大的发明创造"。中国特色的社会主义市场经济将之拿来一用,很好地解决了公有制经济发展的问题,这充分显示了中国社会主义者的智慧和勇气。首先,公司制改革在保持国家对生产资料统一所有权的前提下,将规模庞大的国有资产在企业层次上分割为许多独立的公司法人财产,构建了企业自主经营、自负盈亏的产权基础和企业间市场竞争的制度基础。财产有限责任的规定为大一统的国有资产转变为产权独立的企业资本提供了可能。其次,股份公司确立了国有企业的资本主权,规定公司内部"谁投资谁决策,谁投资谁获益",说到底是资本主权的企业制度。公司股东会、董事会、经理层相互制衡的治理结构,将行使资本经营管理职责的公司高层经理人与作为股份资本所有者的公司股东结合在一起,塑造了统一的资本人格,强化了公有资本意志即劳动者整体意志在企业经营管理中的作用。经理人员因为分享公司利润而增强了勤勉尽责的动机,说到底仍然符合公有资本利益。这一制度安排既实现了国家所有权与企业经营权的分离,增强企业经营活力,又规定国家所有者以股东身份在公司治理中发挥积极作用,为国有资本保值增殖提供了制度保障。至此,束缚资本的行政隶属关系趋于消失,国有企业改革确定了公有资本的制度逻辑。劳动者利益在企业层面区分为劳动者工资福利与国有资本增殖两块,对应了企业增加价值中必要价值与剩余价值两部分。由于企业劳动者与公司法人产权法理上的联系难以追寻,劳动力市场交易不可避免,公有资本划分为购买生产资料的不变资本和购买劳动力商品的可变资本也就具有经济上的必要性。

事实上,改革进程中产生的公有资本并非只有国有资本一种形式。公有资本的产生与私有资本一样,以人身条件(劳动力)与物质条件(生产资料)相分离为前提。在劳动者拥有生产资料的情况下,只要共同拥有生产资料的所有者集体,与参与企业劳动的职工集体不再是同一个集体,不再是两个完全重叠的集合,生产资料与劳动者的结合不再是固定不变的闭环,公有资本现象就有可能出现。譬如在市场经济中发展壮大的农村社区合作组织(乡镇企业)雇用外来务工人员,作为生产资料所有者的合作社社员并不全都参加合作社劳动,合作社的所有者成员与合作社的劳动者集体发生错位,公有资本现象就会在这种异化中逐步产生,至少这些社区集体企业雇用的社区外职工与企业之间就存在劳动力买卖关系,集体资本就在渐变中成型。国有经济的情况只是更为典型而已。

四、劳动自治的历史经验和现实启示

理论上说,国有经济的改革方案当然并非只有公有资本一种选择。20世纪八九十年代就有学者提出另外一种选择方案:企业经营权直接下放到职工群众,以企业职工大会或职工代表大会作为企业经营的最高决策机构。如提出"企业本位论"的蒋一苇先生就曾经撰文力主"职工主体论"①。一直到今天仍然有学者认为,当年"现代企业制度"改革存在方向性错误,主张通过劳动自治将企业权力交还职工群众②,认为这才是真正符合马克思主义传统的真正社会主义。

这些同志显然忽视了两个基本事实:第一,国有经济中本来就存在两个劳动者集合的偏离,全民所有制职工只是作为生产资料所有者的全体人民中很一小部分人,不仅单个企业职工是很小一部分,即使所有全民所有制职工加在一起也只是全体人民中的一小部分。全民职工身份并不是天赋特权,所谓全民职工与国有生产资料的结合具有偶然性和开放性。因此,直接向企业职工赋予企业最终决策权缺乏法理依据。设想一下,在生产资料国家所有制前提下,作为国有生产资料公共所有者成员的一小部分,本来已经很幸运地得到国有生产资料的使用权与就业权,如果再赋予他们财产处置权和受益权,其他所有者成员会怎么想?广大农民群众会怎么想?他们会感到公平吗?那么,是否可以将对职工的授权仅限于经营权的范围,直接授予企业职工大会或者职工代表大会全权经营国有企业?联系以下基本事实,这一看似合理的制度安排本身包含不可克服的矛盾就会暴露出来。

第二,社会主义历史阶段一个最重要的"特征事实"是:劳动者个人不

---

① 蒋一苇:《职工主体论》,《工人日报》,1991 年 6 月 21 日。
② 李炳炎:《中国企改新谭》,民主与建设出版社 2005 年版。

愿意超出必要劳动时间提供剩余劳动①。因此，劳动者自下而上的民主决策未必能充分保证劳动者阶级的长远利益，未必能保证剩余劳动的积累和扩大再生产的前景。虽然市场竞争的外在压力对于解决这一问题有一定作用，但这不是充分条件。铁托领导的南斯拉夫曾经做过劳动自治的大规模实验：宪法规定生产资料实行社会所有制，"任何人都不对社会生产资料享有所有权，任何人——不论是社会政治共同体，还是联合劳动组织，不论是公民集体，还是个别人，都不得在任何所有权基础上占有社会劳动产品，都不得管理和支配社会生产的劳动资料，都不得任意确定分配条件，""人的劳动是占有社会劳动产品和管理社会资金的唯一基础。"②因此，直接生产过程中的劳动自治组织事实上拥有生产资料所有权的几乎所有权能——不仅占有企业的全部生产资料，享有生产资料的使用权，而且决定企业生产什么，如何生产，直接占有劳动的全部成果，并且决定劳动成果的分配。按照弗拉什卡利奇的表述：在南斯拉夫的"社会主义商品生产中，作为集体成员的直接生产者，也是直接管理者，他们是有关生产、分配、交换和消费的一切重要决定的独立承担者"③。实践中这个制度安排导致双重后果，一方面，企业自主经营形成外部竞争市场，每个劳动自治组织都成为一个利益共享、风险共担的命运共同体，这极大地激发了劳动者的生产积极性。南斯拉夫的宏观经济在改革最初十几年时间里表现良好。1954—1964年，国民生产总值年均增长8.6%，经济增速在全球处于前列。另一方面，这个经济体制从一开始就存在基因缺陷：工人自治组织决策目标短期化，企业收益留成动

---

① 参见荣兆梓：《生产力、公有资本、中国特色社会主义》，《经济研究》，2017年第4期。
② 1974年颁布的南斯拉夫社会主义联邦共和国宪法，转引自科拉奇和弗拉什卡利奇著《政治经济学：资本主义和社会主义的商品生产理论分析原理》，人民出版社1982年版，第150—151页注释。
③ 科拉奇和弗拉什卡利奇著《政治经济学：资本主义和社会主义的商品生产理论分析原理》，人民出版社1982年版，第151页。

因不足,不得不靠贷款投资。一些企业甚至靠贷款谋取工人收入最大化。[①]
20世纪60年代中期以后,南斯拉夫经济增速减缓,通货膨胀严重,失业人数增多,收入差距扩大。虽然几经改革,仍然无法治愈这一体制顽疾。历史经验证明:没有内在的强制性制度,工人自治组织不能保证足够的剩余劳动积累,因此也不能保证劳动者长远利益的最大化。

尽管如此,主张企业职工主权的观点仍然有一定的合理性。社会主义毕竟是劳动者自己的经济,公有资本的形成并不能改变劳动平等的根本性质。以社会主义市场经济为目标的体制改革,不会否定社会主义的基本性质。改革坚持生产资料的国家所有制,是因为社会主义国家能够代表全体人民的利益,包括工人、农民和其他劳动者阶级在内的全体人民,对生产资料的基本权利应当保持尽可能的平等;国企改革选择公有资本的路径,是因为剩余价值的积累关系到劳动生产率的持续提高和劳动者长远利益的最大化,只有公有资本能够承担起这样的历史责任。公有资本不过是劳动者整体意志的物化,即使经历公司制改革的公有制企业也不能漠视劳动者在企业内外的民主权利。平等劳动不仅是社会主义的目标追求,而且也是社会主义持续发展社会生产力的重要手段。我们主张构建公有资本与劳动民主有机结合的企业制度,在确保资本主权的公司治理架构的前提下,充分发挥工会组织和职工代表大会制度的作用,实现公有制经济的"劳资协调"。从这个意义上说,我们与上述同志的主张存在一部分交集。

五、资本的一般规定与特殊规定

概括地说,公有资本与私有资本相比有以下共性特征:

[①] "工人管理的企业同资本主义的公司相比,在扩大生产的内趋力上要弱小得多。自我管理的企业的竞争本能与其说是进攻型的,不如说是防御型的。"(戴维·施韦卡特:《反对资本主义》,中国人民大学出版社2002年版,第99页。)

其一，公有资本与私有资本一样，是自行增殖的价值。它通过购买过程使生产资料与劳动力结合，在生产中指挥劳动大军超出必要劳动时间之外创造剩余价值，再通过售卖过程实现商品价值——包括其中已增殖的价值。劳动力商品的买卖是资本价值增殖的前提，劳动力商品使用价值与价值量的差异是资本增殖的源头。从资本价值增殖的功能出发，可以将公有资本划分为不变资本和可变资本两个部分。不变资本被用来购买全部生产资料，包括厂房、机器和原材料等等，这部分资本在生产过程中只能实现价值的转移，而不能发生价值增殖；可变资本用来购买劳动力商品，这是资本价值增殖的根源，由于劳动力的使用可以大大超出必要劳动时间，创造剩余价值，因此可变资本的价值在生产过程中是可变动可增殖的。可变资本的数量，决定资本推动的劳动数量，进而决定资本的增殖能力，决定剩余价值的量。进一步说，不变资本与可变资本的结构比例表现为资本构成，这些都与私有资本没有区别。

其二，公有资本与私有资本一样，是流通中不断变换形态的价值体。其货币形态必须通过购买转化为生产资料和劳动力商品方能进入生产过程；生产资本又通过生产过程转化为商品形态；商品资本重新进入流通过程，通过售卖再转化为货币。整个流通过程中资本形态不断转变，其质的同一性只是体现在商品资本、生产资本和货币资本共有的价值属性。无论资本形态如何变化，数量如何变化，其商品价值的属性始终不变。

其三，资本不是物，而是社会关系。在经济运行机制的层面，资本总归是一种由物统治人的颠倒的关系，这种颠倒恰恰反映了历史发展特定阶段的社会经济关系。其基本特点是物质财富尚未充分涌流、迫使人奴隶般服从的旧式分工尚未消灭，劳动仍然是谋生手段；劳动者不愿意超出必要劳动时间提供剩余劳动，社会生产力的发展要求对个人劳动实行强制，需要寻找一种对自由人的劳动实行强制的强有力机制。资本的颠倒了的关系正是这一历史方面的体现,它通过生产组织外部的竞争性强制和生产组织内部的管理性强制担负起这一历史使命。企业内部的命令-服从机制不仅适用于私有资本,而且也适用于公有资本。

公有资本与私有资本的根本区别在于它们所包含的阶级内容根本不同。私有资本是工人阶级和资本家阶级之间的阶级压迫和阶级剥削关系,资本家对工人的阶级统治以及资产阶级对劳动者所创造剩余价值的无偿占有是这种资本关系的核心内容。公有资本则是劳动者阶级内部个人利益和整体利益、当前利益和长远利益矛盾的产物,表现为整体意志对个人意志的强制。在劳动者个人与公有资本的结合中,阶级的对抗不存在,阶级对阶级的剥削已经成为历史①。在国有资本主导的企业中,劳动者组织成为一支国有资本所有者及其代理人指挥的劳动大军,为劳动者的整体利益与长远利益创造剩余价值。与私有资本主导的企业相比,这无疑是历史进步;这里没有阶级矛盾和阶级冲突;国有资本的代理人(企业的经营管理者)与全体企业职工一样,都是普通劳动者,尽管劳动分工有差异,但对公有生产资料权利是平等的,本质上是一种平等劳动关系。当然,企业经营者作为公有资本的人格代表,需要承担剩余劳动积累,即资本保值增殖职能,其管理行为会与劳动者个人利益产生矛盾。这种矛盾实质上还是劳动者整体利益与个人利益的矛盾。只要剩余劳动的积累归劳动者社会公共所有,并且其使用方向符合社会利益,它就是一种"取之于民,用之于民"的关系。公有制经济中的劳资和谐,具有内在的必然性。因此,公有资本的所有者及其代理人与企业职工的关系应该更加融洽,更加平等,更愿意运用职工民主的方式改善企业管理、加强对管理层的监督;也更加重视企业的社会责任,更加重视企业的长期发展等等。尽管实践与理论还存在差距,但公有资本的这些制度

---

① "把资本变为属于社会全体成员的公共财产,这并不是把个人财产变为社会财产。这里所改变的只是财产的社会性质,它将失掉它的阶级性质。"(《共产党宣言》,《马克思恩格斯选集》第 1 卷,人民出版社 1972 年版,第 266 页。)

优势应当逐步强化,也一定能够在改革和发展中逐步强化。关键是要处理好公有制经济中的委托代理关系,要依靠工人群众监督监督者,防止管理腐败、公权私用,这也是政治经济学应该深入研究的课题。

熟悉《资本论》的读者不难理解,由此推论,《资本论》范畴体系中许多相关概念都包含了"资本一般"的共性特征,诸如资本积累、资本的循环与周转、社会资本再生产,以及剩余价值规律、剩余价值生产、剩余价值诸形态等概念,都能够在社会主义政治经济学理论中继续发挥作用,在公有资本为枢纽的范畴体系中找到适当位置。由于实践的发展,资本已经出现了公有资本和私有资本两种形态,我们必须依据这种资本两分法的基本事实理解资本一般,以及与资本概念相关联的其他经济学范畴,在承认它们的共性特征的基础上,更好理解它们的性质区别。特别要指出的是:尽管与资本相关的大多数理论范畴在社会主义公有制经济的讨论中都能继续使用,但雇佣劳动概念却肯定不适用了。与公有资本对立的劳动是平等劳动,公有资本的出现不可能从根本上改变公有制经济平等劳动的性质。公有资本归劳动者公共所有,体现劳动者整体意志,其价值增殖服务于劳动者长远利益,因此,资本与劳动的关系在这里历史上第一次表现为劳动者自身利益的协调,表现为资本对劳动的从属。

由此引发的公有经济生产目的的讨论更为复杂。公有资本的生产目的不仅是价值,而且是剩余价值。这首先是市场竞争的外在压力使然,公有资本要在竞争中生存和发展,没有剩余价值的不断积累是不可能的。公有资本对剩余价值的追求同时也是劳动者整体的长远利益使然,劳动者的长远利益要求社会生产力不断提高,没有剩余劳动的积累也是不可能的。公有资本以剩余价值的形式积累剩余劳动,推进社会生产力的发展。不难理解,从社会范围平等劳动角度看,剩余劳动和剩余价值都是手段,满足全体劳动者日益提高的美好生活需要才是生产的最终目的。概括地说,社会主义平等劳动关系中,劳动者整体和个体的生产目的同样是满足生活需要的物质财富,是商品使用价值,对他们来说,价值只是满足需要的手段。但对于二者之间的劳动组织或公有制企业来说,生产目的却是价值甚至剩余价值。两个生产目的并不是相互矛盾的,劳动组织生产的价值目的其实是劳动者个人实现消费目的的必要手段,公有制企业对剩余价值的追求其实是劳动者整体通过积累剩余劳动满足不断提高的人民生活需要的转换形式。[①]

六、资本对劳动的形式上从属与实质上从属

从现象形态上看公有资本中劳动与资本的关系是颠倒的,因而"内在于资本关系中的神秘性也出现了,劳动的保存价值的能力表现为资本的自我保存的能力,劳动的创造价值的能力表现为资本的自行增殖的能力;整个说来,在概念上,物化劳动表现为活劳动的使用者。"[②]然而,正如本文之前一再强调的那样,所有这些都只在现象形态上有运行机制的意义,从经济关系的本质内容看,公有资本隶属于平等劳动,劳动者是公有资本的所有者,公有资本的人格代表——企业经营者与直接生产者之间的关系,是"劳动者家庭"内部关系,是在对生产资料同等权利基础上的分工平等关系。因而,公有资本作为组织形式和运行手段为平等劳动的生产目的服务,资本的自行增殖服务于劳动者长远利益,资本从属于劳动,劳动者作为一个整体始终是生产过程最活跃的主动因素。

理解这里现象与本质看似矛盾而实质统一的关系,当前的困难主要在于:现实中公有制企业的劳动关系并不总是和谐,企业劳动民主发育不全,

---

① "在资产阶级社会里,活的劳动只是增殖已经积累起来的劳动的一种手段。在共产主义社会里,已经积累起来的劳动只是扩大,丰富和提高工人的生活的一种手段。"(《共产党宣言》,《马克思恩格斯选集》第1卷,人民出版社1972年版,第266页。)
② 《马克思恩格斯全集》第49卷,人民出版社1982年版,第80页。

企业职工的权益没有得到充分保护，劳动者在生产过程中并不总是表现出足够的主动性和进取精神；极端情况下，企业经营者的管理腐败和疏于职守极大损害职工群众的利益。所有这些，使得政治经济学的理论阐述缺乏足够的说服力。

必须引进公有资本与平等劳动相互关系历史演进的逻辑，用发展的眼光看待 20 世纪以来实践社会主义的历史，才能理解现象与本质的对立统一，沟通理论与现实的内在关联。

马克思在资本主义生产关系的研究中讨论统治与从属关系的演化，区分了劳动对资本的形式上的从属与实际上的从属，对这里的讨论有很大启发。劳动对资本形式上的从属，是指生产过程已经为资本家所控制和指挥，但"生产方式本身还没有发生什么差别，从工艺上来看，劳动过程完全同以前一样，"①只不过将手工生产中师傅与徒弟的等级关系，转变为资本家与雇佣劳动者的简单对立。当然，它使生产的规模、强度和连续性发生变化而提高了劳动生产力，但是它还没有形成"本来意义上的资本主义生产方式"②。之后，"随着大规模劳动的发展，科学和机器在直接生产中的运用也发生了。一方面，现在形成为特殊生产方式的资本主义生产方式，创造出物质生产的已经变化的形态。一方面，物质形态的这种变化又构成资本主义发展的基础"③。"只有当特殊资本主义生产方式发展起来以及劳动对资本的实际上的从属随着这种生产方式也发展起来的时候"④，资本关系所固有的为生产而生产的永无止境的趋势才能得到实现。在工场手工业条件下，劳动之所以只是形式上从属于资本，是因为掌握手工工具的技巧是生产的决定性要素，掌握手工业技巧的工人在生产中仍然拥有很大的主动性，资本

---

① 《马克思恩格斯全集》第 49 卷，人民出版社 1982 年版，第 86 页。

② 《马克思恩格斯全集》第 49 卷，人民出版社 1982 年版，第 87 页。

③ 《马克思恩格斯全集》第 49 卷，人民出版社 1982 年版，第 95—96 页。

④ 《马克思恩格斯全集》第 49 卷，人民出版社 1982 年版，第 97—98 页

主义的劳动纪律是利用资本的权威在工艺过程之外建立起来的。在大机器生产已经普遍使用的前提下,单个工人的劳作越来越成为机器系统的附属物,成为复杂机器构造中的一个部件、一个螺丝钉,资本的物质存在统治了资本的人身条件,劳动对资本的从属已经被物化和固化到资本主义生产方式的骨髓里。这个生产方式具有推进技术进步的内在动力,而它推进技术进步的前提条件是,保证资本对劳动的实际上的统治,它所追求的技术发展路线永远以提高机器系统的科技含量为前提,而尽可能地遏制与劳动者生产技能相应的全面能力提高。①

社会主义公有制经济下公有资本对平等劳动从属关系的演化也有相类似的过程。起初劳动指挥资本,只是表现为这样一个事实的形式上的结果:工厂不是为资本家所有,而是为劳动者阶级的国家所有。因而全部生产资料是在劳动者阶级的国家支配下被使用。由于生产资料所有制的变更,公有资本在形式上建立起来。随着国家工业化进程,许多以大机器生产为基础的现代工厂被创建。劳动者国家自上而下的对生产过程的指挥成为工业化进程的必要条件。生产资料为劳动者阶级整体所拥有和支配,表现为公有资本对平等劳动的形式上的从属。当然,它使生产者的主动性、生产过程的组织性和资本积累的强度得以变化而提高了劳动生产力。但它还没有形成本来意义上的社会主义生产方式,因为从资本主义生产中发展起来的机器系统和工艺过程没有变,从技术层面看劳动对资本的从属没有变。而且在工业化进程中,技术进步路径仍然没有摆脱资本主义的影响,我们在技术进步中追赶发达国家,引进、消化和吸收的还是那个在遏制劳动者技能全面发展中发展起来的"资本主义技术"。这个机器系统是在劳动实质上从属

---

① "一旦生产活动中存在难以替代的技能,生产过程就会对技能工人产生依赖,这转而会增强技能工人在控制权争夺中的砝码。由此,管理者并不会必然倾向于加强劳动者的技能。事实上,19世纪美国现代企业管理革命中最重要的管理创新就是关于如何剥夺工厂内工匠技能的管理方法。"(封凯栋、李君然:《技能的政治经济学:三组关键命题》,《北大政治学评论》2018年第4辑。)

于资本的环境中发展起来的，它还不足以构成资本实质上从属于劳动的特殊的社会主义生产方式的物质基础。

变化是不可避免的。资本主义的遏制劳动者技能、片面依赖机器系统科技进步的技术发展路径（或曰单边路径）不可能持续满足社会生产力发展要求。在劳动者技能发展滞后条件下，机器进化的边际效率递减。即使在资本主义制度下，生产力发展的内在要求也会强制地发挥作用，如后福特制的柔性生产技术必须依靠一专多能的熟练工人，这就在"去技能化"的资本主义技术大趋势下加入了"再技能化"的反向因素。以自动化、智能化为特征的当代生产力发展必然要求能够与机器系统高度融合的高技能劳动者，而资本主义生产方式在这条路上却走不了多远。持续发展社会生产力的当代使命只能由社会主义承担。在此之前，由于实践的社会主义产生在生产力落后国家，还需要启动国家工业化进程，并且逐步缩小与发达国家的技术差距。我们的技术赶超之路必须是开放的，必须努力学习世界先进技术和先进管理，最大限度发挥后发优势。中国改革开放40年的经验证明，社会主义经济融入全球化进程是正确的，这是缩小差距实现赶超唯一正确的发展策略。随着中国经济的持续增长，我们终于为在国际市场平等竞争中探索适合自己独立的技术路径准备了条件。当中国经济按照自身逻辑走到发展方式转型的历史关头，自主创新成为新一轮经济增长的主要动力源。只有在这样的发展阶段，社会主义经济才有可能真正按照平等劳动的原则探索更加倚重劳动者能力提升的技术发展之路，我们终于看到了资本与劳动从属方式从形式上从属向实质上从属转变的可能性和必然性。

这是两大历史机遇的耦合，它具有偶然性，却也包含着必然性。中国特色社会主义今天的成就表现为利用"后发优势"实现经济赶超，但是这种由技术差距带来的增长优势正在逐步减弱，我们的经济发展必须转向以自主创新为主要推动力；人类科技发展正临近由网络化、智能化带动的系统性、颠覆性突破,马克思所预言的机器系统对人的劳动的替代,正在从替代体力劳动为主转向替代脑力劳动为主的新阶段。这一技术革命的必然后果并不是更多失业和更大收入差距(尽管在资本主义条件下这是大概率事件),而是劳动者越来越多地掌握以现代科学为基础的复杂生产技能,劳动在直接生产过程中地位和作用日益提高,生产过程的技术进步路径越来越倾向于劳动者技能,逐步形成一种生产的物质要素与人的要素协同演进的"双边路径"。这是社会主义公有制经济中资本实质上从属于劳动的必要的物质基础。我们从社会生产力当前发展的趋势看到这一基础形成的必然性,从中国特色社会主义实践发展进程看到这一转变的可能性,从新时代经济发展方式转变的新现象看到向资本实质上从属于劳动转变的现实性。一个本来意义的社会主义生产方式将在中国特色社会主义的历史演进中趋于成熟,其基本特点是:(一)顺应当代生产力发展规律,公有资本选择偏向劳动者技能的技术进步,充分调动劳动者的创造精神;(二)在技术进步中提高职工技能,提高直接生产者的主动性和主导权;(三)与技术进步步调一致地推进企业民主管理,提高职工在公司治理中的地位和作用,将资本主权与劳动主权有机结合;(四)在技术与管理的协同进化中改善企业经营,增强企业竞争力,发挥公有经济的优势;(五)职工工资福利与企业劳动生产率挂钩,在企业绩效提升中实现劳资共赢;(六)公有资本与平等劳动协调发展,公有制企业做劳资和谐的表率,影响和带动其他企业,提高全社会劳动平等程度。这是特殊的社会主义生产方式题中应有之义,它将更加符合全世界社会主义者的理想追求,更多显示社会主义经济制度的优越性。

参考文献:

[1]马克思恩格斯选集[M].北京:人民出版社,1972.

[2]马克思.哥达纲领批判[M].北京:人民出版社,1965.

[3]马克思恩格斯全集[M].北京:人民出版社,1982.

[4]列宁.国家与革命[M].北京：人民出版社,1964.

[5]列宁全集[M].北京：人民出版社,1958.

[6]苏联科学院经济研究所.政治经济学教科书[M].北京：人民出版社,1959.

[7]科拉奇,弗拉什卡利奇.政治经济学：资本主义和社会主义的商品生产理论分析原理[M].北京：人民出版社,1982.

[8]戴维·施韦卡特.反对资本主义[M].北京：中国人民大学出版社,2002.

[9]李炳炎.中国企改新谭[M].北京：民主与建设出版社,2005.

[10]蒋一苇.职工主体论[N].工人日报,1991-06-21.

[11]封凯栋,李君然.技能的政治经济学：三组关键命题[J].北大政治学评论,2018(4).

[12]荣兆梓.生产力、公有资本、中国特色社会主义[J].经济研究,2017(4).

[13]荣兆梓.社会主义政治经济学体系中的平等劳动范畴[J].理论与现代化,2018(5).

从劳动平等
到平等劳动

要理解公有制与市场经济相结合的理论依据,就需要深入讨论二者依循的公平原则的共性与差异,在比较研究中理解二者的对立与统一。作为法权意识的公平正义是经济基础的反映。社会主义市场经济的公平观是市场平等与劳动平等的叠加——市场平等是基础,劳动平等是主线。市场平等与劳动平等是对立统一体,一方面,以资本权利为轴心的市场平等,必然导致财富与劳动的两极分化,因此与劳动平等相矛盾;另一方面,市场平等又包含了劳动平等的内容,并且构成市场经济下劳动平等实现的基础性制度安排。处理好这对矛盾,逐步提高劳动平等在市场经济下的实现程度,是社会主义必须面对的长期任务。

本编收录的前两篇论文着重讨论社会主义经济制度中劳动平等的经济关系与市场经济的对立统一关系。第三篇论文则进一步提出平等劳动范畴,将之定义为反映社会主义经济本质特征的主体范畴,反映社会主义条件下劳动社会关系历史特征的核心范畴。

论市场平等与劳动平等的关系①

党的十八届三中全会《决定》将"促进社会公平正义"提到全面深化改革的出发点和落脚点的高度。关于"什么是社会公平"的问题,更加紧迫地呈现在马克思主义理论工作者面前。有两个基础性理论问题必须深入讨论,给出明确答案:(1)历史唯物主义者如何看待公平正义?(2)社会主义者如何看待市场平等(或者市场不平等)?

我们的基本观点是:(1)作为法权意识的公平正义从来是经济基础的反映,因此要回答什么是社会公平,首先必须回答什么是社会主义经济制度;(2)社会主义市场经济的公平观是市场平等与劳动平等的叠加——市场平等是基础,劳动平等是主线。以下从五个方面展开说明。

一、劳动平等观的历史演进

历史唯物主义从社会生产力发展的要求出发,构造社会变革理论,反对将任何形式的公平正义视为"天命"的唯心主义历史观。特别地,马克思在其唯物史观形成的最初阶段,曾经以大量文字批判将李嘉图劳动价值论直接引导到共产主义的错误思潮,认为"这只不过是把道德运用于经济学而

---

① 原载于《马克思主义研究》2014 年第 8 期。

已"。"马克思从来不把他的共产主义要求建立在这样的基础上，而是建立在资本主义生产方式的必然的、我们眼见一天甚于一天的崩溃上"。① 但是，这并不意味着马克思和恩格斯对社会公平，尤其是占人口大多数的人民群众的道德观，采取完全否定的、虚无主义的立场②。恩格斯在 1875 年重申马克思的历史唯物主义立场时，紧接着写道："在经济学的形式上是错误的东西，在世界历史上却可以是正确的。如果群众的道德意识宣布某一经济事实，如当年的奴隶制或徭役制，是不公正的，这就证明这一经济事实本身已经过时，其他经济事实已经出现，因而原来的事实已经变得不能忍受和不能维持了。因此，在经济学的形式的谬误后面，可能隐藏着非常真实的经济内容。"③这就是说，尽管理论不能以道德感为根据，相反，社会意识要由经济基础加以说明，但是法权观念，尤其是群众的道德意识，在世界历史进程中仍然扮演着重要角色。它不仅是经济制度的产物，而且还是旧制度演化的风向标和新制度运行的稳定器。因此，理论必须弄清楚：在法权意识的"表面"之后所隐藏着的经济关系的实质内容。要理解一个社会的公平观、道德观，首先必须理解这个社会的经济制度，它的现实矛盾和发展趋势。

当今世界的道德观，就大多数人民群众所接受的"普世价值"而言，仍然是商品经济"等量劳动相交换"原则所体现的劳动平等观，即同等能力与同等努力应当得到同等回报。劳动平等是所有人的权利，它首先体现在经济过程中，然后浸润到社会生活的各个方面。机会平等观之所以得到广泛认同，关键是因为它包含了上述内容，而之所以存有争议，则主要是它不能

---

① 恩格斯：《马克思和洛贝尔图斯，"哲学的贫困"德文版序言》，源自《马克思恩格斯全集》第 21 卷，人民出版社 1982 年版，第 209 页。

② G.A.科亨认为，今天的马克思主义者不得不在物质匮乏的背景下追求平等，实现社会主义平等的物质条件难以形成。为了维护社会主义，必须"从道义上阐扬社会主义"。（参见曹玉涛：《分析马克思主义的正义论研究》，人民出版社 2010 年版，第 188—191 页。）

③ 恩格斯：《马克思和洛贝尔图斯，"哲学的贫困"德文版序言》，源自《马克思恩格斯全集》第 21 卷，人民出版社 1982 年版，第 209 页。

剔除"运气"成分,夹杂了"赌博"公平,因而仍然与劳动群众的道德感存有差距。

　　劳动平等对社会伦理的优先性,可以在大多数人群的调查中得到实证,但它在世界历史进程中的意义却并未为大多数人所理解。马克思主义对此的理解是:(1)劳动平等是现代社会历史进步的产物,是农奴从封建束缚中解放出来,获得人身自由,即拥有自身劳动力所有权的经济事实在法权意识中的体现;是商品生产和商品交换普遍发展,商品所有者平等交换劳动产品中逐步形成的法权关系。(2)资本主义经济中,这种平等观念在劳动群众中进一步强化,则与建立在自己劳动基础上的所有权被无偿占有他人劳动的所有权否定有关。人民群众的道德感宣布资本主义经济事实为不公平,这是资本主义基本矛盾激化的标志。特别地,当一个社会的两极分化日益严重,财富与劳动被完全分离的时候,劳动平等的权利诉求就会更加强烈地体现。(3)在向未来理想社会的过渡阶段,社会主义仍然要遵循劳动平等的法权原则。马克思在其唯物史观形成时期,强调社会经济基础对上层建筑的决定作用,在许多场合以决然的语言批判以劳动平等理念为依据的各种空想社会主义或者空想共产主义理论。但他自始至终没有否认法权意识在社会变革中的巨大作用。他在 1846 年撰写《哲学的贫困》批判英国共产主义思想家布雷的"过渡时期理论",事实上认可了通过事先的协议计划实现等量劳动相交换的社会变革方案①。到 1867 年出版《资本论》第 1 卷,"为了同商品生产进行对比",马克思设想了一个用公共的生产资料进行劳动的自由人联合体,其中"每个生产者在生活资料中得到的份额是由他的劳动时间决定的"②。一直到 1876,马克思在《哥达纲领批判》中更加明确地提出,在共产主义的第一阶段,劳动者的收入分配仍然遵循"按劳分配"原则。"这种

---

① 马克思:《哲学的贫困》,源自《马克思恩格斯全集》第 4 卷,人民出版社 1982 年版,第 116 页。
② 《马克思恩格斯全集》第 23 卷,人民出版社 1982 年版,第 96 页。

平等的权利,对不同等的劳动来说是不平等的权利。它不承认任何阶级差别,因为每个人都像其他人一样只是劳动者;但是它默认,劳动者的不同等的个人天赋,从而不同等的工作能力,是天然特权。"之所以继续保留这种"市民权利"(或译成资产阶级权利),理由是,"权利决不能超出社会的经济结构以及由经济结构制约的社会的文化发展"①。列宁正是根据马克思的上述指示,在十月革命前夕为社会主义经济制度制定了"劳动平等、报酬平等"②的原则,这一制度原则在近百年的社会主义实践中始终得到贯彻。

但是,百年的社会主义实践还是使理论发生了重大变化。马克思所主张的"劳动平等",包括列宁在十月革命前所理解的"劳动平等",是与市场经济(个人交换)相分离的分配原则,他们希望在一个使用公共生产资料的劳动者联合体中真正实现这一平等原则。因为,在马克思看来,个人交换(商品经济)与阶级对立不可分割。早在1845年他就以此为据否定布雷的建立在劳动者"个人交换"基础上的"过渡时期理论",认为在现实社会"美化了的影子的基础上来改造社会是绝对不可能的。"③这一理论判断一直到30年后提出共产主义的第一阶段的构想时仍然有效,《哥达纲领批判》所主张的过渡社会,仍然是一个"生产者不交换自己的产品"④的社会。

理论一开始就与社会主义的实践相冲突,没有商品、货币的经济制度在现实中不可行。尽管社会主义者曾经顽强地坚守自己的理念,进行了像人民公社运动和"文化大革命"这样的大规模社会实验,但实践的结论却不可动摇,社会主义必须与现代市场经济相结合。于是,在社会主义市场经济条件下,劳动平等的社会主义理念在以下两方面发生了变化。一方面,它与市场经济不可分割地联系在一起,因此也与生产资料所有制的多元化不可分

---

① 《马克思恩格斯选集》第3卷,人民出版社,1995年版,第305页。
② 列宁:《国家与革命》,源自《列宁全集》第31卷,人民出版社1985年版,第97页。
③ 马克思:《哲学的贫困》,源自《马克思恩格斯全集》第4卷,人民出版社1982年版,第117页。
④ 《马克思恩格斯选集》第3卷,人民出版社1995年版,第303页。

割地联系在一起。阶级差距仍然存在,劳动平等必须伸张,这对矛盾的张力成为社会主义必须始终面对的基本现实。另一方面,由于以上过渡性质,劳动平等的实现与理论预期形成很大差距,平等并不是一开始就完成的,它的实现程度只能在社会主义的进程中逐步提高。

20世纪社会主义最重要的历史经验是,社会主义的公平正义观绝不能"超出社会的经济结构以及由经济结构所制约的社会的文化的发展"。当代生产力(不仅仅指当代中国相对落后的社会生产力)还没有摆脱物质资料匮乏与旧式分工的约束,劳动与闲暇的对立依然存在,不仅对劳动的计量与激励不可缺少,而且商品、货币与资本关系也不可缺少。现代生产力还需要市场经济的组织框架。因此,社会主义经济制度还不能消灭私有制,还不得不承认阶级差别;以公有制为主体、多种经济成分共同发展的基本经济制度,既是劳动平等的制度基础,也是劳动平等实现程度的历史界限。

尽管如此,劳动平等仍然是现实社会主义的基本价值,社会主义公平正义观的核心内容。它已经体现在中国特色社会主义制度建设的方方面面,而且也深深扎根在人民群众的是非观、道德感之中。特别地,当这个制度发展的某个阶段,老百姓不满意社会公平状况,劳动平等的诉求更加强烈,这就意味着我们在社会公平方面的制度建设已经滞后,必须通过全面深化改革,促进社会公平正义,在经济发展中彰显社会主义的价值与优势。

二、劳动平等的基本内容

劳动平等对于社会主义,首先是实际经济关系,然后才是意志关系:法权观念和道德观念。

社会主义社会的劳动平等一开始是作为分配原则被提出的。按劳分配遵循等量劳动相交换的原则,它具有明确的经济激励效应,适应了社会生产力发展的需要。当然,分配关系不能与生产关系脱节,社会主义者所主张的劳动平等以生产资料公有制为前提。劳动者在社会化生产中对生产资料的平等权利是劳动平等的必要条件。公共权利必须由集体决策行使,每个集体成员在决策中都拥有相同的民主权利。这种平等的决策权是共同劳动中分工平等和分配平等的保障。分工平等,也就是按个人劳动能力分配工作岗位。在物质资料有限,个人择业意愿不能充分满足的情况下,分工平等表现为按能力竞争工作岗位,按能力主义原则选择管理人员。各尽所能是劳动力资源优化配置的需要,表现为以个人能力为依据的分工平等原则。在此前提下的分配平等,也就是按劳动贡献分配共同劳动的成果。在实现了满足公共需要的各项扣除之后,劳动者个人多劳多得,"不劳动者不得食"。这种奖勤罚懒的激励制度,是物质财富依然匮乏,个人利益与社会利益依然存在深刻矛盾的现代市场经济不能不遵循的原则。平等表现为以劳动为同等尺度,而劳动贡献的数量和质量,则完全取决于每个人的能力与努力。

按此定义的劳动平等不仅仅是"激励原则",而且同时是"共同体原则"①。它不仅遵循自己劳动占有权的意志,在个人与集体之间实现了劳动与报酬的"交换",而且在一个自由人联合体内部,通过平等的协议,组织社会生产,优化配置劳动力资源;决定劳动成果在集体与个人之间,在个人与个人之间的合理分配,追求集体效率的最大化和社会公平的最大化。因此,这里的劳动平等本质上不同于商品交换中的"劳动平等",它不单纯是劳动者之间的利益博弈,"每个人都将其他人当作外人看待"的斤斤计较,相反,共同体的共同利益是集体决策的共同原则,每个劳动者在集体决策中所行使的是平等的"公益社员权",而不是劳动力个人所有者的"私益权"。社会主义者的确承认"等量劳动相交换"的"市民权利",但他们在劳动平等的权利关系中添加了共同体协作的新内容,因此,劳动平等不再是"资产阶级权

---

① 参见 G.A.柯亨:《马克思与诺齐克之间》,江苏人民出版社 2008 年版,第 358—362 页。

利",而成为社会主义劳动者的权利。

当代社会主义者在实践中进一步意识到,只是将流通领域的"等量劳动相交换",拓展到生产与分配领域的"各尽所能,按劳分配",这还不够。社会主义的劳动平等必须拓展到消费领域,也就是劳动力再生产领域。劳动平等承认劳动能力差异是"天赋特权",这个认识不全面。个人能力的差异,一部分依靠天赋,一部分则依靠学习。这种后天的学习包括学校的学习,也包括工作中的学习("干中学"),是劳动力再生产的重要内容。劳动平等在劳动力再生产领域的原则应当是:给每一个劳动者提供能力发展的平等机会。这意味着社会给每一个劳动者和劳动者的子女提供劳动能力发展的基本条件,包括同等数量和质量的基础教育,同等机会的职业培训等,以缩小因为家庭经济条件的差异以及其他非主观因素带来的能力发展机会不平等。

当代社会主义提倡的劳动平等,是在承认个人能力天赋差异的前提下,鼓励所有人在学习和工作中靠自身努力提升自己的能力,凭自己的能力选择劳动岗位,用自己的能力和努力创造适合自己的生活。劳动面前人人平等,除此之外,无论是种族、民族、性别、户籍、地区、家庭背景、社会关系、财富实力,还是其他任何非主观努力的因素,都不能成为社会公正的尺度。与马克思在《哥达纲领批判》中的表述相比,我们今天对劳动平等的认识无疑是更加全面也更加丰富了。

三、如何看待市场平等

商品所有者之间的平等关系,一开始的确是建立在"等量劳动相交换"基础上的,但是,随着市场经济的充分发展,独立的手工业劳动者之间的平等交换,逐步让位于资本所有者与雇佣劳动者之间的"平等交换"。要素平等取代劳动平等,成为市场经济的基本秩序。劳动得到工资,资本得到利息,土地得到地租,三大要素各取所需,各得其所。公平就体现为要素所有者的自由和平等权利。经济学甚至证明,这个要素平等"三位一体"的公式,统一于要素的"边际生产力",所有要素都是按自己在生产中的"贡献"取得应有回报。平等首先体现在要素与要素之间。事实上,市场经济的"要素平等"是以资本权利为核心的,这个"秘密"在资本的再生产过程中,在财富的积累过程中根本无法保守。资本权利是必须自行增殖的权利,是所有要素权利中唯一在数量上能够无限扩张的权利;时间属于资本及其所有者,只要假以时日,资本就会登上权力的顶峰。马克思在《资本论》中令人信服地证明,以资本权利为轴心的市场平等,必然导致财富与劳动的两极分化,因此,这个制度的灭亡具有历史的必然性。根据这一理论逻辑,马克思主义者否定市场公平的合理性,认为只有剥夺资本权利,消灭阶级差别,才能实现真正意义上的劳动平等。

马克思主义者的这一理论认识今天是否继续有效？过去一百年世界资本主义的事实表明,马克思的理论结论依然有效,财富与劳动的两极分化继续在世界范围内展开,尤其是 2008 年以来的世界金融危机表明,国际资本当今的实际逻辑依然与《资本论》当年的理论逻辑吻合。经济学诺贝尔奖的获得者、美国经济学家斯蒂格里茨 2012 年出版了一本书,名为《不平等的代价》[1],系统分析了美国社会近三十年来不平等的发展。尽管斯蒂格里茨所分析的当代美国社会,与马克思当年所观察的英国社会在几乎所有方面都已经发生了很大变化,但是占人口极少数的大资本所有者与占人口大多数的工资阶层的两极分化依然如故。当代马克思主义者因此有理由坚持对市场平等的批判性认知。

但是很明显,随着社会主义市场经济的提出,我们的认识必须有所改

---

① 约瑟夫.E.斯蒂格里茨:《不平等的代价》,机械工业出版社 2013 年版。

变。经过30多年市场化改革的探索,我们逐步认识到,市场平等对于劳动平等而言,并非仅仅是否定性因素,至少从以下两方面看,二者还是有同一性的。

首先,市场平等中包含了劳动平等。这一点,传统马克思主义者是承认的。按劳分配所遵循的是商品交换中"等量劳动相交换"的同一原则。在市场经济"三位一体"的公式中,包括了"劳动—工资"的公式,尽管这一公式建立在劳动与资本相交换的前提下,与马克思所说的劳动平等有根本区别,但是从劳动者之间的权利关系看,多劳多得的平等权利至少从形式看是相同的。正如我们在公有资本控股的企业分配实践中已经看到的那样,当一个劳动者共同体(国家或者集体)成为企业资本所有者,资本所得成为劳动者共同体所得时,企业按激励原则设计的工资制度,就与按劳动贡献分配个人收入的劳动平等相一致。

其次,我们在实践中逐步认识到:公平的市场秩序是实现劳动平等的基础性制度安排。我们搞过三十年单一公有制的计划经济,但由于计划所需要的信息搜寻与信息处理成本畸高,特别是劳动的计量与监督成本畸高,这个体制并没有实现劳动平等的理想,相反群众对平均主义大锅饭的怨言越来越多。改革开放初期对按劳分配、经济激励的高调宣传和强力推进与群众道德感的取向一致,这也是改革顺利推进的重要原因之一。为什么计划经济下劳动计量的成本特别高呢? 按照马克思的劳动价值论,一个关键因素是:在职业专门化分工的条件下,离开商品交换价值的参照,劳动时间的直接计算其实是不可能的。劳动的数量要以时间尺度直接计量,它就必须全部换算成为无差别的抽象人类劳动,不仅不同强度、不同熟练程度的劳动有必要换算为统一标准,而且不同复杂程度的劳动也有必要换算成为同一尺度的简单劳动。尤其是这最后一种劳动时间的换算,离开了商品交换的参照根本无法进行,一小时钟表师傅的劳动等于几小时伐木劳动? 一小时程序员的劳动又可以换算为多少小时的保洁员工作？经济学不能直接回答这个问题，当然物理学也不能回答。因此说，等量劳动相交换的经济关系必须建立在普遍市场交换的基础上，而市场秩序公平与否，市场价格体系合理与否，则直接构成劳动计量的基础。没有普遍市场交换的劳动平等是不可能的，而一个贪腐盛行、寻租泛滥，进而市场秩序被高度扭曲的经济体，也不可能有起码程度的劳动平等。在法制社会基础上深入推进市场化改革，是中国特色社会主义必须始终坚持的一条原则。

当然，市场平等与劳动平等二者之间存在矛盾，这也是中国实践的结论。这个矛盾，在经过30年"效率优先"的改革之后，尤其突出地呈现在我们面前。社会公平正义的呼声高涨，从一个侧面反映了这个事实；十八届三中全会《中共中央关于全面深化改革若干重大问题的决定》将推进社会公平正义提到改革出发点与落脚点的高度，与人民群众的愿望与期待高度一致。社会主义市场经济只能在两个平等的叠加中走向社会公平正义的目标。关键是保持清醒认识，坚定把握劳动平等在其中的主导性。

四、如何实现更高程度的社会公平

中国特色社会主义如何实现更高程度的社会公平？从经济基础看，根本的措施无非三条：一是深化市场改革，建立平等竞争的市场秩序；二是伴随经济发展推进社会主义的促进社会公平的再分配政策；三是坚持公有制为主体的基本经济制度，充分发挥公有经济的公平效应。

中国特色社会主义是从计划经济起步的，市场经济的发育不过30多年时间，体制机制的不健全在所难免。现实离平等竞争的市场秩序还有很大距离，深化改革是唯一出路。特别地，工业化前期以GDP增速为目标的发展方式，过多依靠政府的主导作用，地方政府的GDP竞赛成为经济高速增长的重要推力。这种发展方式的强大惯性,对市场在资源配置中发挥基础与主导作用有显著的负面影响。根本问题是,为推进经济增长,政府手中集中了过多的可以自由支配的经济资源,从财政预算到国有经济,从国有土地到对农村集体土地的大部分增值权益。地方政府以巨大的经济资源为资本,按股份公司的方式行事,既做裁判员,又做运动员。市场秩序不可避免地被扭曲,政府面对繁杂的"公司"事务,穷于应付,而疏忽了政府本该承担的公共服务和社会公平职能。由于权力集中,各级政府部门成为全社会高强度寻租的对象,公共权力很容易演变成为破坏市场秩序的杠杆。唯此,平等竞争的市场环境建设任重而道远。十八届三中全会《中共中央关于全面深化改革若干重大问题的决定》提出在市场起主导性作用的前提下,处理好政府与市场关系,这对于改造政府主导的市场经济具有现实的针对性,同时对夯实劳动平等的制度基础也具有现实的针对性。

中国特色社会主义以共同富裕为根本目标,按照小平同志的构想,共同富裕要分两步走。前30年的改革与发展大体完成了这个设想的第一步,我国经济总量已经位列全球第二,正在进入全面小康社会。而实现共同富裕的第二步,必须充分发挥社会主义政策的再分配功能。毋庸讳言,前三十年我们的再分配政策在推进社会公平方面发挥的作用较少,在提高经济效率方面发挥的作用较多。尽管情况正在发生变化,但要看到明显效果还需假以时日。推进社会公平方面的再分配政策包括两个方面:一是具有收入调节功能的税收制度,主要是通过直接税的方式缩小初次分配中形成的收入差距,改善市场竞争造成的财富分配与收入分配格局;二是覆盖全社会、日益均等化的社会保障制度和社会福利制度,主要是向全体人民提供如基础教育和基本养老等劳动力再生产的基础条件和基本安全。两方面的措施同样是对市场结果的校正,它是现代市场经济的发展潮流,一旦在我国社会主义市场经济中充分运用,将会对社会公平状况有很大的改善。显然,这种改善朝着劳动平等的方向，而不是资本主导的市场平等方向。

提高劳动平等程度的第三条措施才是中国特色社会主义的独特优势。社会主义者曾经希望通过消灭私有制、建立全社会生产资料公有制的手段实现劳动平等的理想。进入社会主义市场经济以来，我们暂时放弃了消灭私有制的制度目标，但是，并没有放弃利用生产资料公有制提高全社会劳动平等程度的手段。相反，我们坚持公有制为主体的基本经济制度，希望构建一个比任何现代市场经济国家有更高程度社会公平的新制度。当然，这一增进公平的措施不是独立发挥作用的，它必须与前两条措施相互补充、融为一体，才能发挥有效作用。公有制经济的公平效能需要从两方面理解，一方面，财产权利在大范围内为全体劳动者平等拥有，无论从财富生产的前提还是收入分配的结果看，权利都具有平等性，它不会像私有资本的积累那样不可避免地产生两极分化；另一方面，财产权利由全体劳动者通过民主决策自下而上地平等行使，共同体的协商机制可以为社会经济构造民主、平等的微观基础。但是，我们必须看到，在社会主义市场经济条件下，还没有一种公有制的有效实现形式，可以同时满足这两方面的公平要求。权利覆盖全体人民的国有经济有可能发挥公有制在前一个方面的公平效能，却较难满足后一方面的公平要求；多种形式的劳动者合作经济组织有可能发挥公有制在后一个方面的公平效能，却不能在社会范围内满足前一方面的公平要求。这里有公有制经济内部较高的决策成本、交易成本问题，而归根到底是当代生产力条件下公有制经济固有的内在矛盾使然[①]。因此，中国特色社会主义选择公有制多种有效实现形式共同发展、相互补充的体制目标，希望在自上而下的公有制与自下而上的公有制同时发力的情况下，将公有制促进社会公平的效应充分挖

[①]　荣兆梓：《论公有产权的内在矛盾》，《经济研究》，1996 年第 9 期。

掘出来①。显然,这需要在市场化改革的进程中更加强有力地推进公有制经济的改革,不仅要通过改革提高公有制经济的效率和市场竞争力,而且要通过改革发挥公有制经济在两个方面的公平效能,以确保劳动平等在社会经济体制中的主导作用。

如果以上三管齐下的改革举措能够相互促进,顺利推进,中国特色社会主义在不久的将来会形成比发达资本主义国家更高的经济效率和更多的社会公平。

至此,社会主义者对社会主义经济制度的认识更加清晰了。我们并不是要建立一个消灭了阶级差异、完全实现劳动平等的社会制度,来保证从资本主义向共产主义的历史跨越。我们建立的是一个以公有制为主体、劳动平等已经在经济关系和法权规范中起主导作用的市场经济,这个市场经济与私有制为主体的、私人资本主导的市场经济,在社会经济制度的若干关键指标上呈现出显著差异,进而由量变导致质变。它不再是资本主义,而成为从资本主义通往共产主义的(宏观历史尺度上的)必经阶段,即社会主义。很显然,劳动平等与市场平等的对立统一是这个制度始终面对的矛盾;处理好这对矛盾,逐步提高劳动平等在市场经济下的实现程度,是社会主义必须面对的长期任务。

五、发挥国有经济的公平效应

不妨按此思路来讨论国有经济的进一步改革。

市场化改革之初,一般认为国有经济改革的任务就是提高效率。到20世纪90年代多种所有制经济并存的局面初步形成,而国有经济的效率仍然明显低于非国有经济,一些人就提出:既然有更高效率的企业制度,国有经

---

① 荣兆梓等:《公有制实现形式多样化通论》,经济科学出版社2001年版。

济是否还有存在的必要？更多的人由此生发开来,产生对公有制主体地位的怀疑,对国有经济是否需要在重要领域保持控制力提出质疑,于是有了关于国有经济社会功能的长期讨论。多数人认为,国有经济的社会功能体现在三个方面:一是发展功能,即在工业化快速推进阶段带动社会投资,做社会经济推进器的功能;二是调控功能,即在社会经济发展中熨平宏观经济波动,做社会经济调节器的功能;三是安全功能,在国家经济落后,国际竞争中被动挨打的情形下,维护国家经济主权,做国家经济防火墙的功能。如此定位国有经济是否合理？当然有合理性,但是产生一个问题:以上三大功能至少是多数发展中国家国有经济的共有功能。一些发展中国家也因为在这些方面较多地发挥了国有企业的作用,而自诩为"社会主义"。中国特色社会主义与他们的区别在哪里？

根据本文的意见,我们的国有经济必须承担第四功能——即在社会主义市场经济中发挥公有资本的特殊作用,促进社会公平,保障劳动平等在经济过程中的主导性。国有经济促进社会公平的功能首先体现在收入分配中,约占社会资本40%的国有资本,按照市场公平原则获取40%的资本利润(由投入资本量获取的平均利润),这个数以万亿计的巨额财富不归任何私人资本家,更不归占人口极少数的亿万富豪所有,因此奠定了国民收入初次分配相对公平的基础。国有企业职工创造的剩余价值归全体国民所有,这由国有资本的性质决定,既体现了市场平等的要求,又能够保障劳动平等的实现。现实中与此不符的现象可以通过体制改革(如国有资本利润上缴制度)和科学管理(加强国企经营者薪酬管理)的途径解决,这个制度本身对收入分配的公平效应是无可怀疑的。当然,国有经济的公平效应更加应当体现在生产过程中,通过国有资本在企业管理中追求劳动民主、改善劳动关系的特殊偏好体现出来,这需要国有资本管理体制改革的跟进,需要国有经济顶层管理者自上而下的推动,更需要真正体现社会主义劳动平等精神的国有资本立法。如果新一轮国有经济的全面深化改革能够在这些方面取得实质性进展,国有资本在参与市场竞争的同时,就能更好地在社会公平方面发挥示范和引领作用。

必须从劳动平等的目标出发,全面理解改革三十年来国有企业提高经济效率的不懈努力。市场竞争力是国有经济在市场环境下有效发挥其社会功能的必要前提。如果国有企业在市场竞争中注定低效率,那它又怎么能够在市场经济中自我生存(不依赖于任何政府保护),自我发展(不仅能获取平均利润,而且能够在资本积累中保持与其他所有制经济相似的增长势头)?如果国有经济只有靠政府补贴、国家保护才能立足,那它的存在就直接成为对市场公平这一基础性制度安排的否定,国有经济的公平效应还从何谈起!前30年国企改革,我们一直在做的就是这样一件基础性的工作。所幸的是,持续的改革终于有所收获,国有经济的效率已经有了明显提高,特别是2003年国务院国资委成立以后的10年,国有经济的效率总体上终于达到能与其他所有制经济平等竞争的关节点。我们根据规模以上工业企业的统计数据计算,2003年以后,国有企业的年度技术效率均值一直高于非国有企业(见图1)。而工业经济中竞争程度最高的20个行业,国有企业与非国有企业的技术效率差距21世纪最初10年中一直在缩小,到2008、2009年,二者技术效率已经十分接近(见图2)。据此,我们有理由认为,公有资本在市场经济中的效率问题能够通过改革逐步解决。同时,在新一轮全面深化改革中,国有经济提高效率的改革空间仍然很大,其促进社会公平的效能还会进一步突显。

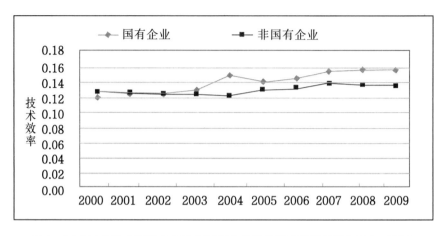

图1　36个工业行业国有企业和非国有企业年度技术效率均值(2000—2009)

资料来源:魏峰、荣兆梓:《国有企业与非国有企业技术效率的比较》,
《经济纵横》,2012年第2期。

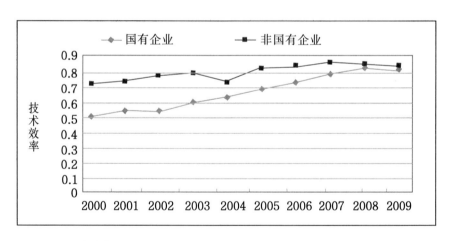

图2　20个竞争行业国有企业和非国有企业年度技术效率均值(2000—2009)

资料来源:荣兆梓等:《劳动平等论:完善社会主义基本经济制度研
究》,社会科学文献出版社2013年版,第178页。

按照十八届三中全会《中共中央关于全面深化改革若干重大问题的决定》的精神,下一步国有经济的改革应围绕加快发展混合所有制经济展开,通过资本市场,形成更多多种所有制经济交叉持股、相互融合的混合所有制企业。顶层设计上要界定不同国企的功能,区分垄断与竞争领域,以管资本为主从顶层上改革国有资本管理体制。破除各种形式的行政垄断,通过网运分开等方式缩小垄断性国企范围,强化对垄断性国企的规制,革除垄断造成的不公正、不合理现象。建立国有资本投资公司,管理国有信托投资基金,实现竞争性领域国有资本管理"去政府化"。混合所有制经济的发展必须依靠市场机制,由规范的市场主体来从事国有资本的投资运营。相应地,国有企业的人事制度也要改革。要建立职业经理人制度,实现公司高管"去行政化"。这样,随着多种所有制经济在企业层面充分融合,国有资本的市场化程度进一步提高,资本主权与劳动平等在这里合二而一。不仅公有资本的效率将进一步提高,而且还会缓解国民收入再分配政策的调节压力,使得社会经济的财产格局与权力格局更加合理。

显然,提高劳动平等实现程度的三项措施在这里是相互补充、融为一体的。必须从公平与效率互为前提的角度理解国有经济改革,把国有经济的公平功能放在更加突出的位置。发挥公有制经济公平功能的改革必须提上日程(不讲公有制的公平功能,总有人以为公有制可有可无),也已经提上日程(国有企业的分配制度已经受到上下高度关注)。只有从国有经济的第四功能出发,其全面深化改革才有更明确的目标。

参考文献:

[1]马克思恩格斯全集[M].北京:人民出版社,1982.

[2]马克思.资本论[M].北京:人民出版社,2004.

[3]马克思恩格斯选集[M].北京:人民出版社,1995.

[4]列宁.列宁全集[M].北京:人民出版社,1985.

[5]G.A.柯亨.马克思与诺齐克之间[M].南京:江苏人民出版社,2008.

[6]曹玉涛.分析马克思主义的正义论研究[M].北京:人民出版社,2010.

[7]约瑟夫.E.斯蒂格里茨.不平等的代价[M].北京:机械工业出版社,2013.

[8]荣兆梓,等.公有制实现形式多样化通论[M].北京:经济科学出版社,2001.

[9]荣兆梓.论公有产权的内在矛盾[J].经济研究,1996(9).

劳动平等及其在社会主义市场经济下的实现①

社会主义植根于平等主义,其贯穿始终的核心理念是劳动平等,即劳动者的经济平等。它承认不同等的劳动能力是"天然特权",主张"使所有人都能通过自己的努力获得应有利益"。能力加努力的平等观,是当代社会绝大多数人认同的价值标准。从这个意义上说,内心深处我们都是社会主义者!

一、全面理解劳动平等的含义

(一)等量劳动相交换的原则

劳动平等首先是一种权利意识、意志关系:"等量劳动相交换"的平等权利,即在交换中同等质量和数量的劳动具有同等的价值,拥有同等的权利。比如瓦工和农夫可以相互换工,我给你盖房,你给我耕地,一个工交换一个工,两个人的劳动时间是等价的。当然,劳动平等也不排除农夫用较多的劳作时间,换取教书先生较少的时间给孩子授课。这里有质量较高的数量较少的"复杂劳动",换算为质量较低数量较多的"简单劳动",交换仍然是等价的。劳动平等并不否认劳动的质量差异性。进一步考察,等量劳动

---

① 原载于《教学与研究》2013 年第 2 期。

相交换在多数情况下表现为等量劳动的产品相交换。比如一担稻谷交换一头绵羊，实质上是生产一担稻谷的劳动与生产一头绵羊的劳动相交换，"这里通行的仍然是等量劳动相交换的原则"。再进一步说，这种平等的交换关系建立在交换双方是自由、平等的商品所有者的权利关系基础上。商品所有权是排他性的独占权利关系，所有者具有不受其他人制约自由处置所有物的绝对权利。按照洛克的说法，这种绝对的排他的所有权之所以是公正的，符合社会正义的，是因为商品是商品所有者自己劳动的产品，商品所有权是对自己劳动产品的占有和支配的权利。权利源自每个人对自己人身的占有，对自己体力和脑力（即劳动能力）的支配，对自己生命活动（包括劳动）的控制。交换的平等被引申为每个有劳动能力的个人，对自己劳动能力的平等权利，对自己的劳动和劳动产品的平等权利。

劳动平等的价值观产生于商品生产和商品交换的最初阶段，产生于个体劳动者的商品交换现实关系中。这是一种真正建立在自己劳动基础上的等价交换关系，是劳动者从封建、宗法的人身从属关系中解放出来的历史成果。人身自由、劳动平等为现代意义的普世价值体系奠定了基础。不理解这段历史的人不应该奢谈"普世价值"。但也的确有很多人不承认劳动平等在现代价值体系中的基础性作用，其中一个根本的原因是，市场经济的发展以其不可抗拒的逻辑，扭曲自己劳动所有权的基础性前提，造就了建立在他人劳动基础之上的资本主义所有权。这种财产所有权的内在逻辑是购买和支配劳动者的劳动能力，尽可能多地占有劳动者的剩余劳动。财产是对他人劳动的占有，劳动平等被转化为对劳动的剥削，隐藏在商品交换背后的等量劳动相交换不再是社会经济的主导性原则，它以被扭曲的形式从属于资本的所有权。以劳动平等为起点，资本主义经济制度演化形成了资本权利主导的经济关系体系，在这个复杂的权利意志关系体制中，劳动平等从最初的核心关系，逐步退居为从属的次要的关系。

(二)劳动平等、分配平等

社会主义者,进而占人口绝大多数的劳动者阶级,从来没有放弃劳动平等这一体现历史进步的"普世价值",希望建立一个没有资本对劳动的剥削,人人都凭自己的劳动、自己的能力而努力生活的新社会。马克思的科学社会主义理论从商品的内在矛盾出发,证明市场经济产生资本关系的必然性,进而指出,人类社会只有超越商品货币关系才能最终摆脱劳动对资本的从属,才能真正建立起每个人都能全面发展的自由人联合体。但他同时承认,"等量劳动相交换的原则",劳动平等的原则,在人类社会向理想状态过渡中,仍然具有积极的建设性。人类在进入"按需分配"的共产主义高级阶段之前,必须经历一个"按劳分配"的过渡阶段。① 我们现在知道,这个过渡阶段叫作社会主义市场经济。历史要求市场经济完成自己劳动的所有权,到占有他人劳动的所有权,再回到自己劳动所有权的"否定之否定"过程。这不是历史的终结,甚至没有超出市场经济的历史界限,但却是历史必经的阶段。

劳动平等要实现历史的回归,就不能仅仅停留在商品流通领域,不能只是表现为收入分配原则。当代社会主义者所主张的劳动平等建立在生产资料公有制的基础上。全体劳动者在社会生产中对生产资料的平等权利是劳动平等的前提。这种平等权利只有在生产资料公有制的条件下才能持续地实现。公有产权必须由劳动者集体决策来行使,在集体决策中,每个劳动者都拥有平等的民主权利。这种决策的平等权利是共同劳动中分工平等,和对共同劳动成果分配平等的制度保证。分工平等,即按个人劳动能力分配劳动岗位。善渔者渔,善樵者樵,善耕者耕,善织者织;有管理才能的专门承担共同劳动的管理职能。在个人择业意愿不能充分满足的条件下,它表现为以能力为依据的岗位竞争。各尽所能是劳动力资源优化配置的要求,在

---

① 《马克思恩格斯选集》第3卷,人民出版社1972年版。

这里则首先表现为以个人能力为依据的分工平等原则。分配平等,即按劳动贡献分配共同劳动的成果。多劳多得,奖勤罚懒,甚至"不劳动者不得食",这是物质财富依然匮乏,个人利益与社会利益仍然存在深刻矛盾的现代市场经济不能不遵循的分配原则。平等表现为以劳动为同一尺度,而劳动的数量和质量,则完全取决于个人的能力与努力。

(三) 消费领域:劳动能力发展机会平等

当代社会主义者在实践中逐渐意识到,只是将流通领域的"等量劳动相交换",拓展到生产与分配领域的"各尽所能,按劳分配"还不够,社会主义的劳动平等有必要进一步拓展到消费领域,也即劳动力再生产领域。劳动平等承认劳动能力的差异是"天赋特权",这一认识不全面。个人劳动能力的差异,一半靠天赋,另一半靠学习(和训练)。这种后天的学习包括在校的学习,也包括工作中的边干边学,是劳动力再生产的重要内容。劳动平等在劳动力再生产领域的原则应当是:社会给每一个劳动者提供平等的能力发展机会。这意味着社会应当给每一个劳动者(不仅是现在的劳动者,尤其是未来的劳动者)提供劳动能力发展的基础性条件,包括同等质量的基础教育,同等机会的在职培训等等,最大限度地缩小因为家庭经济条件的差异以及其他非主观努力因素带来的能力发展机会不平等[1]。

综合社会生产总过程的四个环节:生产、流通、分配、消费,当代社会主义提倡的劳动平等原则,其实就是在承认个人天赋能力差异的前提下,鼓励所有的劳动者在学习和工作中靠自身努力,提升自己的能力,创造自己的生活。在劳动面前人人平等,除此之外的其他因素,无论是民族、性别、户籍身份、家庭背景、社会关系、财富实力,还是其他任何非主观努力的因素,都不应该成为社会公正的尺度。比较马克思在《哥达纲领批判》中的表述,我们今天的认识应该是更加全面、更加完整了。

---

[1]　罗默:《社会主义的未来》,重庆出版社 1997 年版。

二、权利意志关系与现实经济关系

作为当代社会绝大多数人内心认同的价值标准,作为当代社会主义者不懈追求的价值目标和社会理想,劳动平等产生于与当代生产力相适应的社会经济关系,是这种经济关系在权利观念与意志关系层面的映射与表现。只是在社会主义社会形态下,劳动平等才取得社会价值体系的主导权,才成为社会经济体系中占主导地位的基本经济关系。像任何社会形态的权利意志关系一样,劳动平等与其所反映的社会主义经济现实之间具有既相矛盾又相统一的双重关系。

权利意志关系适应社会生产力发展的要求,决定劳动平等与社会主义现实经济关系相统一的可能性。在劳动对于大多数劳动者个人来说仍然是痛苦与牺牲,劳动者个人利益与社会利益仍然处于矛盾对立状态的社会中,劳动平等的制度安排,它的每一条基本内涵都是激励兼容的,或者说,这种权利意志关系是与社会生产力的要求高度吻合的。按个人劳动能力分配劳动岗位,最大限度地保障每个劳动者的能力有机会充分发挥,从社会整体看,这等价于劳动力资源的优化配置;按劳动贡献分配收入,意味着社会对于劳动能力与劳动努力给予奖励,保证了潜在的社会生产力最大限度地转化为现实生产力;而同等的劳动能力发展机会与分配制度中对劳动能力的鼓励交互作用,则从社会和个人两方面,促进每个社会成员的天赋潜质在后天的学习和培训中得到尽可能的发掘,从而提升社会总体劳动能力。所有这些方面的交互作用,将以前所未有的速度推进社会生产力,迎接一个个人能力全面发展的自由人联合体的未来。

一系列社会主义经济制度的科学安排,决定劳动平等的经济关系在现实中普遍存在,得以全面体现。经济体制的改革与市场秩序的完善,使得商品等价交换的原则越来越完整地体现;坚持公有制为主体的基本经济制度,使得"各尽所能,按劳分配"关系保持了相当份额,并且对其他企业改善劳动关系具有影响力;社会主义的财税政策与社会福利制度限制两极分化,逐步形成"能力供应物"的平等关系,等等。一些人否定劳动平等关系的现实性,采取的是"只要有不平等现象,平等关系就不存在"的绝对逻辑。这些人似乎不知道,在一个绝对平等的理想天国,平等权利没有存在的理由。

应当承认,在上述所有场合,劳动平等的实现程度都是有限度的。等价交换只是存在于价格围绕价值上下波动的平均数中;按劳分配自始至终存在着监督和计量的困难;社会平等地提供能力供应物,即使在生产力高度发达的情况下,也只能满足基本需要。劳动平等的实现需要交易成本,适当的制度安排有可能降低交易成本,但肯定不可能实现零成本。因此,劳动平等的实现总是有限度的。平等的范围越宽,涉及的人数越多,实现平等所需要的交易成本就越大,因此劳动平等的实现程度也就越低。

更重要的是,劳动平等具有内在矛盾[①],个人择业能力的差异和劳动贡献的差异,都并不单纯是学习与工作中努力程度差异的结果,很大程度上它还受到天赋差异的影响。这种"天赋特权"的不平等,不仅会带来结果的不平等,分配的不平等,而且对于条件的平等与过程的平等也有极大的影响。按劳动能力分配工作岗位,不仅会造成分工差异,而且也会造成生产过程中权利分配的差异,这一点在管理劳动与操作劳动的岗位差异中表现得尤其明显。分工差异对劳动结果和分配结果会有直接影响。联系劳动能力后天学习中"干中学"的重要性,如斯密和马克思早就观察到的,"钟表师与粗工的天赋差别,不比黑狗和黄狗的差别更大。"由分工造成的能力差异,以及由此带来的结果差异,其实也比人们想象的更为重要。因此,像任何形式的自由和平等权利一样,劳动平等不仅以不平等为前提,而且总是与不平等相伴

---

① 参见荣兆梓:《论公有产权的内在矛盾》,《经济研究》,1996 年第 9 期。

而行,它所体现的劳动者自由权利,仍然受社会分工的约束,而表现为对个人全面能力发展机会的限制。

劳动平等的经济关系在现实中从来是不完美、不充分的,它可以在一定程度内实现,但肯定不能百分之百地成为现实。对劳动平等的经济关系的实证考察,只能是对劳动平等实现程度的计量;对不同社会制度下平等与不平等的现实比较,也只能是平等(或者不平等)程度的数量对比。离开从量变到质变的辩证考察,要寻求平等或不平等的绝对判断,一定是与现实脱节的。

三、劳动平等实现程度与实现过程

社会主义是以劳动平等为核心价值观念的社会系统;社会主义又是以劳动平等为基本经济关系的社会制度。作为基本的经济关系,劳动平等在社会主义经济制度中应当有更高程度的实现。生产资料的公有制就是为提高劳动平等实现程度而安排的,其他的制度安排,包括生产领域、流通领域、分配领域和消费领域的制度安排,也都需要与这一基本的经济关系相匹配。但是,社会主义不可能实现完全的劳动平等,它只是相对于其他社会经济制度有更高程度的劳动平等。

因此,在社会主义经济制度的实证研究中,劳动平等实现程度的计量具有重要意义。它既是制度性质界定的重要标志,又是制度完善进程的重要指标。劳动平等实现程度量的考察在比较制度研究中也可以发挥重要作用,不仅在社会主义经济体制及其不同阶段的比较中可以发挥作用,而且在不同社会制度的比较中也可以成为重要的参考指标。问题是,平等程度的计量是一个难题。理论上明确它的含义,计量中确定它的方法从来就没有统一的认识。劳动平等的计量同样面临一系列难题。

从计量的角度看,劳动平等的内容可以划分为两大类,一类是所有人均等化的权利,我们把它称作"政治权利",包括劳动者在经济过程中平等决策的权利,以及从社会均等地获取"能力供应物"的权利。这部分权利的计量相对容易一些,它可以以完全均等化的理想状态为参照,制订刻画平等程度的标准。比如决策参与度,再比如社保覆盖率,人们甚至可以设计出关于"能力供应物"分配的基尼系数,以表达这方面的平等程度。当然实际的计量过程还会遇到许多困难,但至少在理论上不会有太多分歧。

劳动平等的另一类内容涉及要素与产品分配的人际差异性,我们称之为"经济权利",包括劳动者按能力获取劳动岗位的权利,按贡献获取劳动成果的权利。这部分权利的平等程度的计量相对来说要困难得多。在收入分配领域,平等主义从来就与平均主义不是一回事,结果的均等不等于分配的平等。在这里,平等从个体的差异性出发,平等在于对每个人使用相同的规则。但规则的实现最终还是应当体现在结果中,按劳分配要体现在结果中,按需分配也要体现在结果中。因此,平等的考察往往以结果为对象。但是,如何衡量结果的平等性呢?理论上说,结果与其差异化前提相匹配是平等的,如收入分配与劳动贡献相匹配,劳动分工与个人能力相匹配,等等。但是这直接涉及差异化前提的计量,在实践中是一个比结果的计量更加困难的任务。假定我们有一套科学的方法能精确计量能力和贡献这类差异化前提,那么在经济实践中就可以"完全平等"地分配劳动岗位与劳动成果,但这难道不正是平等计量所需要考察的对象吗?测度实践中的方法是否合理、是否平等是我们需要解决的问题。那么出路在哪里呢?近年有关机会平等的实证研究给我们重要启示,平等程度的计量可以从影响结果的因素分析中得到重要信息。大致的想法是:一般而言,影响结果的因素总是可以按照一定的平等规则划分为两类,一类是符合平等要求的影响因素,另一类是不符合平等要求的影响因素。因此,比较两类因素对结果的影响程度,最终能够给出结果在多大程度上符合平等要求,多大程度上不符合平等要求的基本判断①。当然,这方面的研究才刚刚开始,是否还有更有效的计量方法,还需要在今后的研究中继续探索。

与实现程度相关联的另一个问题是,劳动平等的实现是一个过程。社会主义的劳动平等关系不能经过一次急风暴雨式的社会革命在一个晚上被突然建立起来。即使在社会主义制度下,建立劳动平等的经济关系也需要漫长的时间和艰苦的工作。在经济不发达状态下建设社会主义,这一社会主义基本经济关系的逐步形成,它的实现程度的逐步提高,更加需要经历一个很长的历史时期,需要几代人矢志不渝、前赴后继地付出艰苦努力。这里有社会主义基本经济制度的逐步完善问题,社会主义经济政策的全面落实问题,也有社会生产力的高度发展和经济发展方式的根本转变问题。那种因为社会主义百年实践所经历的挫折与磨难,因为社会主义当前现实的缺陷与不足而怀疑社会主义,甚至嘲笑从社会主义实践运动中提炼劳动平等理念的人,缺的是一点点历史感,缺的是对亿万群众内心深处的价值理念终将影响和左右历史进程的信念。而对于一个社会主义的执政党来说,清晰地认识这一价值目标,执着地追求这一社会理想,比什么都重要。

四、市场经济下实现劳动平等的特殊性

马克思劳动平等思想的核心是公有制基础上的按劳分配,这在《哥达纲领批判》中有着明确的阐述。马克思指出,未来社会的最终产品在扣除了各项社会需要之后,在劳动者之间按各人贡献给社会的劳动份额进行分配。"生产者的权利是和他们提供的劳动成比例的;平等就在于以同一的尺

---

① 徐晓红、荣兆梓:《机会不平等与收入差距——对城市住户收入调查数据的实证研究》,《经济学家》,2012年第 1 期。

度——劳动——来计量。"①列宁在《国家与革命》中将这一社会主义原则进一步阐述为"劳动平等，报酬平等"②。马克思所设想的社会主义是一个没有商品货币关系的社会主义，只有单一的生产资料社会所有制，因此劳动者在生产资料的权利上是完全相同没有差异的。这是实现劳动平等的充分条件，它排斥其他要素平等的权利，因此也天生排斥商品货币关系。列宁在写作《国家与革命》时所理解的社会主义就是这样一个计划经济的社会主义。

在社会主义市场经济下，情况已经发生了根本变化，多种经济成分并存使得劳动平等不可能在所有的不同所有制成分的企业中同时同等程度地实现。提高劳动平等实现程度的任务，变得更加复杂而艰难。劳动平等是市场关系的产物，与所有市场经济中的价值目标和平等理念一样，它并不涵盖市场关系的所有内容。现代平等理念观点纷呈，大多以对市场过程不同阶段的侧重点不同来区分，从分配平等、结果平等，到过程平等、机会平等，再到程序平等、资源平等、条件平等，等等。所有这些时间上相互衔接，而被纵向分割的阶段，其实是互为前提、相互影响的，因此从经济内容的角度看，很难说清它们之间的实质差异。劳动平等是例外，它突出的是市场制度横向切割的一个局部，要素关系的一种类型。劳动平等，而不是资本平等，或者土地所有权的平等。劳动力要素的平等，劳动者之间的平等，应当成为全部市场关系中第一位的平等关系，具有价值与伦理的优先权。劳动平等包含了时序上衔接的各个市场阶段的平等，条件的平等、过程的平等、结果的平等、"可行能力"发展的平等。但它肯定不包括所有生产要素的平等权利，或者说不能同等地看待各种生产要素的平等权利。按照劳动平等的理念解构市场经济的权利关系，市场交换中不同的要素平等可以区分为符合劳动平等的权利和违背劳动平等的权利。等量资本等量利润与等量土地等量地

---

① 《马克思恩格斯选集》第3卷，人民出版社1972年版。
② 《列宁全集》第25卷，人民出版社1958年版。

租都与等量劳动等量报酬相冲突,因而不再具有终极的正义性质。企业内部的考核制度、激励机制大体上符合"等量劳动等量报酬"的原则,但其道德高度也只有在企业利润(剩余价值)为劳动者公共占有的情况下,才能得到普遍的认同。

如此,劳动平等的实现在社会主义市场经济条件下表现出两个显著特点:

1. 劳动平等与市场经济下其他公平原则并存,形成双重公平叠加的特殊现象①。

市场经济下发展社会生产力,提高要素效率,"三位一体"的要素公平是不可或缺的条件,这不以社会主义者的意志为转移。"资本—利息,土地—地租,劳动—工资",这个三位一体的公式反映了市场公平的基本内容。表面上看,三种要素的地位是平等和对称的,实际上,市场经济的权力体系以资本主权为核心。劳动只有在为资本提供足够的剩余价值之后,才能得到属于它的工资。劳动平等在市场经济下的实现,首先是因为生产资料公有制为主体,在此范围内,劳动者创造的剩余价值归劳动者公共所有,劳动者在公有制经济中的劳动收入严格表现为其劳动贡献扣除社会公共支出之后的相应份额。也就是说,在此场合,尽管"资本–利息"或者"资本–利润"的原则得到遵守,但其性质有了根本变化,它不再是资本家阶级的收入来源,而成为劳动产品社会扣除的特殊形式。但是在公有制经济之外,在多种形式的非公经济中,个人收入分配仍然遵循"三位一体"的公式,劳动平等的实现在源头上受到限制。

当然,社会主义市场经济下的劳动平等与资本主权并不是平分秋色,各自在自己的领地发挥作用,双重公平的叠加在整个社会经济中有主次之分。公有制为主体的基本经济制度必须保障劳动平等的"普照之光"能够对全

---

① 参见荣兆梓:《论以公有制为主体的市场经济》,《政治经济学评论》,2010年第3期。

社会发挥作用。这意味着社会主义政党必须利用占主体地位的公有制经济巩固劳动平等的基本经济关系，在公有制企业中率先建立和谐劳动关系，并且通过市场的、社会的、文化的传播渠道，影响其他经济成分，在社会经济的微观基础上提高劳动平等实现程度。执政党还需要通过系统和连贯的社会主义政策，调节社会分配，节制资本权力，提高劳动民主，改善社会福利，提供基本的"能力供应物"，以保障全体劳动者具有越来越平等的能力发展机会。所有这些都将提高全社会范围的劳动平等实现程度，使得劳动平等关系在整个社会经济中发挥主导作用。

2. 企业内部的劳动平等与社会范围的劳动平等既相互区别，又相互关联，形成两个层面互动的特殊现象。

市场经济下的企业，无论是公有制企业还是私有制企业，都具有独立的产权，作为独立的市场主体，在市场经营中自负盈亏。这就决定了生产过程和分配过程首先是在企业内部独立地组织，因此企业职工劳动的社会性质要通过市场交换来实现，企业劳动实现为社会劳动的程度会有很大差异。处于垄断程度较高、资本密集产业领域的企业，相对于竞争程度较高、劳动密集产业领域的企业，职工同等强度同等复杂程度的劳动会实现为倍加的社会价值量。因此，企业内部的劳动平等、分配平等，不等于社会范围的劳动平等、分配平等。提高劳动平等实现程度必须从两个层面上考虑，企业内部用工制度、考核与激励制度的完善，并不能保证社会范围内劳动平等程度的提高。为实现劳动平等的价值目标，社会主义政党需要从整个社会系统综合考虑更多的问题，解决更多的矛盾。

然而，两个层面的劳动平等又是相互关联的：微观层面的劳动平等是基础，是前提。公有制经济的主体地位和"普照之光"，各种所有制形式企业内部劳动平等的实现程度，是社会范围劳动平等的基础。而社会范围的劳动平等则不仅是企业劳动平等关系的加总，而且是所有企业劳动关系发展的环境与背景。整个市场经济的公平秩序,执政党有关收入分配与社会福利的社会主义政策,是对微观层面劳动平等实现程度的维护、修复与补充。二者的互动与合力方才构成社会主义市场经济下劳动平等的现实状态。

五、市场经济下劳动平等的实现程度

不要以为市场经济下劳动平等程度一定更低。相反,目标明确、措施得当的社会主义经济体制改革,完全有可能建立一种比高度集权的计划经济体制下劳动平等实现程度更高的市场经济,不仅是单个企业内部的更高程度的劳动平等,而且是全社会范围的更高程度的劳动平等。

市场经济恢复了流通领域"等量劳动相交换"的原则,使得整个社会能够利用一种分散决策的机制进行劳动时间的计量和分配,极大地降低了国民经济的交易成本,同时也降低了实现劳动平等的交易成本,进而为提高劳动平等实现程度提供了基础性制度安排。关于这一点,全世界的社会主义者几乎是经历了近百年的实践探索,特别是中国社会主义市场经济的实践,才逐渐明白过来的。看看1978年以前的中国计划经济吧,它基本实现了公有制经济的一统天下,一个高度集权的国家计划中心通过集中指令调度国民经济,商品货币关系被压缩到了最小限度。但是它实现了完全的劳动平等吗?显然没有!劳动者并没有参与到社会经济的民主决策过程中,社会分工也与按能力分工相距甚远,其收入分配与其说符合平等原则,倒不如说更加符合平均主义原则,"大锅饭"、"铁饭碗",严重挫伤劳动群众的生产积极性。造成这种现象的原因固然很多,其中将全部决策过程集中于一个社会计划中心,从而造成决策成本的畸高,劳动计量成本的畸高,应该是最基本的原因。正是因为这样的原因,以劳动平等为价值目标的执政党必须高度重视市场秩序的完善,稳定和保护公、私财产所有权,保障要素权利,维护合同关系,倡导诚信原则,规范商业伦理,尤其要规范公共权力。执政党的反腐倡廉是当前形势下完善市场秩序的关键环节,不解决好这个问题,市场经济"等量劳动相交换"的原则就会严重扭曲,劳动平等的实现也就失去了基础条件。

历史的事实表明,收入分配的均等化与劳动平等并不是一回事。在整个计划经济时代,收入分配的平均化趋势恰好是违背劳动平等原则的,其平均化程度越高,离劳动平等的要求也就越远。这就是为什么改革开放之初,中国经济学界要花费巨大精力讨论按劳分配理论的原因。实践按劳分配,加强经济刺激,打破平均主义,正是那个特定时期提高劳动平等实现程度的关键措施。这也进一步提醒我们,利用计量均等化程度的经济指标,如基尼系数等来计量劳动平等实现程度,具有多么大的局限性。只有在当前这种收入分配差距过大,已经明显超出"按劳分配"可能产生的差距范围这种情况下,此类指标对于劳动平等的计量才具有参考价值,它意味着现阶段收入分配差距的扩大显然已经与劳动平等的要求背道而驰。

必须强调,即使是完善的市场体制,也不会自然产生劳动平等的全面关系。流通领域的等量劳动相交换只是提供了一种交易成本较低的计量方法,使得社会范围的劳动平等能有一个大致的测度标准。但是,商品的市场交换并不能直接产生生产和分配领域的平等关系,相反,由于劳动力商品的等价交换,必然地产生出生产过程中资本与劳动的不平等关系。这就是社会主义者坚持生产资料公有制的原因。在社会主义市场经济条件下,公有制的主体地位是执政党的底线,因为失去它,劳动平等的社会主义目标也就失去了基本的制度保障。当然,社会主义不能再回到单一公有制经济的旧体制,因为市场经济需要产权多元化和决策分散化。但是,保持公有制在国民经济的一定份额以引导社会经济的社会主义方向是绝对必要的。劳动平等的基本经济关系只有在公有制经济内部,在一个没有私人资本占有剩余劳动的微观制度中,才有可能在较高程度上实现;也只有公有制经济具有相当比重的情况下,整个社会经济才有可能形成一种劳动平等的氛围,对其他经济形式的劳动关系产生积极的影响。

进一步说,只要存在多种经济形式并存的情况,市场经济自发倾向于收入和财富分配的两极分化,资本与土地收入的集中总是与劳动平等的要求渐行渐远。市场经济发展到一定阶段,就需要建立累进的所得税、财产税和遗产税制度,建立惠及全民的社会福利制度等,来缓和社会矛盾,保持社会稳定。这些政策措施自然也有利于提高社会范围的劳动平等实现程度。中国的社会主义市场经济在这方面要向欧洲的民主社会主义政策学习,这没有什么值得大惊小怪。我们从一个积贫积弱的发展中国家开始建设社会主义市场经济,许多方面落后于发达的市场经济,因此往往需要学习。学习是为了完善自己,而不是否定自己。这有什么难以理解的呢?

综合以上两个方面,可以导出一个重要推论。社会主义的经济政策既不以缩小收入差距为目标,也不以扩大收入差距为目标,劳动平等是公平与效率相统一的政策目标。平均主义必须反对,民粹主义也不能接受。我们坚持的是科学的劳动平等理论,主张通过鼓励一部分人先富起来,最终实现共同富裕。因此福利政策要与社会生产力发展相适应,收入调节不能以牺牲经济效率为代价,它应当更好地调动各方面的生产积极性,而不是损害这个积极性。如果社会保障制度的改革、公共服务体系的建立,造成一部分人"干与不干一个样",那它就失败了。

参考文献:

[1]马克思恩格斯选集[M].北京:人民出版社,1972.

[2]列宁全集[M].北京:人民出版社,1958.

[3]罗默.社会主义的未来[M].重庆:重庆出版社,1997.

[4]阿玛蒂亚·森.论经济不平等/不平等之再考察[M].北京:社会科学文献出版

社,2006.

[5]G.A.柯亨.马克思与诺齐克之间[M].南京:江苏人民出版社,2008.

[6]荣兆梓.论公有产权的内在矛盾[J],经济研究,1996(9).

[7]荣兆梓.论以公有制为主体的市场经济[J].政治经济学评论,2010(3).

[8]徐晓红,荣兆梓.机会不平等与收入差距——对城市住户收入调查数据的实证研究[J].经济学家,2012(1).

社会主义政治经济学体系中的平等劳动范畴[①]

平等劳动是社会主义生产关系的本质规定[②],是社会主义经济制度既区别于资本主义又区别于共产主义高级阶段的基本特征。马克思最先提出，共产主义第一阶段消费资料的分配实行按劳分配，"生产者的权利是和他们提供的劳动成比例的；平等就在于以同一尺度——劳动——来计量。"[③]列宁后来将此概括为"劳动平等，报酬平等"[④]。很长时间，人们一直以为按劳分配是社会主义经济制度差别于共产主义的基本特征。但是，在经过社会主义市场经济40年的实践之后，我们对这个问题的看法已经根本改变。平等劳动不仅是社会主义的消费资料分配原则，而且通行于包括生产、流通、交换、消费的社会经济全过程；平等劳动是贯穿于社会主义经济过程的核心范畴。因此有必要对这一范畴作更加深入的分析。

一、雇佣劳动向平等劳动转化

雇佣劳动通过两条途径转化为平等劳动：合作工厂与国有经济。前者

---

① 原载于《理论与现代化》2018 年第 5 期。
② 荣兆梓：《论公有产权的内在矛盾》，《经济研究》，1995 年第 9 期。
③ 马克思：《哥达纲领批判》，源自《马克思恩格斯选集》第 3 卷，人民出版社 1972 年版，第 11 页。
④ 列宁：《国家与革命》，源自《列宁选集》第 3 卷，人民出版社 1960 年版，第 258 页。

是通过企业劳动者集体的合作，自下而上地组织起来的平等劳动。一些中小企业老板因经济不景气而萌生退意，企业职工联合接手而使企业渡过难关，从而产生了工人合作工厂。马克思在《资本论》中将此称作对资本主义的积极扬弃。后者则是由劳动者整体利益的代理人（譬如国家）自上而下地加以管理的平等劳动。这只有在工人阶级夺取政权，建立起国有经济的情况下才会发生。这当然更加是对资本主义的积极扬弃。

社会主义平等劳动是对资本主义雇佣劳动的积极扬弃：一方面，它建立在资本主义所创造的全部文明成果的基础之上；另一方面，它否定了资本主义生产资料私有制。从社会经济全局看，这个"扬弃"只有通过暴风骤雨般的社会革命方能实现。马克思主义的革命政党领导广大的人民群众，通过社会主义革命，剥夺剥夺者，是此番社会革命的基本形式。应当如何理解剥夺剥夺者？首先，它是对旧的社会制度根基的破除；破字当头，立也就在其中，它同时一定也是一个新制度的创建。打碎旧世界，打碎的是资本主义的所有制，即资本主义生产关系以及与之相关联的资产阶级的全部上层建筑。但它绝不破坏资本主义所创造的巨大的社会生产力，不破坏生产的技术手段，不毁坏已经掌握在劳动者手中的机器和机器系统，也不会破坏生产的社会性，包括资本主义市场经济已经建立起来的普遍社会联系，生产的协作与分工，以及与此相适应的劳动组织方式。执政的马克思主义政党必须清醒地认识到，这个既有的社会生产力，是建设新社会的物质基础。

建设新世界要以这个物质基础为前提。破坏生产力是错误的，脱离生产力的现有条件，去设计社会主义的理想蓝图，建设超越生产力的"先进生产关系"同样是错误的。新的经济制度必须建立在适应现代生产力的劳动组织方式之上。其基本特征是：生产现场集中统一指挥的大规模协作和分工；社会范围日益深化的劳动分工和以价值为中介的劳动交换。简言之，它应当是科层结构与市场结构相结合的市场经济。社会劳动的组织方式之所以必须如此,是因为现代生产力的历史局限:物质财富尚未充分涌流,生产自动化进程尚未取代一切可以由机器取代人的劳动,劳动者生产中仍然受机器支配,劳动时间仍然是社会财富的尺度;物质生产中消耗的劳动时间仍然过长,加上生产力赖以发展的旧式分工限制个人能力的全面发展,劳动者仍然视劳动为谋生手段,不愿意超出必要劳动之外为社会提供剩余劳动。因此,劳动还要有一定程度的外在强制。科层管理和市场竞争是劳动生产力在当下条件的社会组织方式,是社会主义经济制度从资本主义不得不保留的遗产。当代马克思主义者经历了数十年的反复实践才逐步认识到这一客观规律。

建立生产资料公有制是社会主义革命的首要任务。这首先是因为,资本主义的生产力已经社会化了,劳动者只有共同占有生产资料,才能在剥夺剥夺者的前提下重新组织起社会化的生产力;同时也因为,劳动者个人还没有自觉为社会提供更多剩余劳动的主动性和意志力,还需要由集体意志对个人意志的强制。社会主义的生产资料公有制与劳动者的劳动力个人所有制相对立,表现为劳动集体内部的排他性占有关系。这是社会主义公有制与共产主义社会"建立在共同劳动基础上的个人所有制"完全不同的特征。为迫使个人为社会提供剩余劳动,社会主义的公有制在生产和分配中通行"等量劳动相交换"的原则;在调节社会与个人关系时,继续利用旧社会的劳动组织方式中普遍存在的法权意识:"我给,为了你给;我给,为了你做;我做,为了你给;我做,为了你做。"①"按劳分配"即是这种法权意识在分配领域的表现。

这样,通过剥夺剥夺者所建立起来的新的所有制关系,就一定是社会主义的生产资料公有制,而且,在这种公有制经济内部,劳动者整体利益与个人利益存在固有矛盾,只能通过劳动者之间的"等量劳动相交换"予以调

---

① 马克思:《资本论》第1卷,人民出版社2004年版,第620页。

节。我们把这样一种公有制经济内部劳动者之间的以劳动为尺度的平等关系称作平等劳动。社会主义的生产资料公有制与平等劳动是同一事物不可分割的二重性质：公有制是形式，平等劳动是内容；公有制是前提，平等劳动是结果。以生产资料的劳动者公共占有为必要条件，资本主义的雇佣劳动转化为社会主义的平等劳动。

建立在现代生产力基础之上的、从雇佣劳动直接转化而来的平等劳动，实现了社会生产关系中主体的转变，作为生产资料所有者的资产阶级出局了，劳动者阶级成为自己劳动手段的主人，成为生产资料的共同所有者。

二、平等劳动的内容

平等劳动的内涵，即生产资料公有制条件下劳动者之间平等劳动的经济关系，可以从三个层次上逐层展开：

首先，生产资料的劳动者公有制决定了全体劳动者对生产资料的平等权利，这是共同使用生产资料的权利，因此需要由共同决策来实现，此处的平等权利表现为管理平等。在生产资料公有制基础上，劳动者对公共所有的生产资料拥有平等权利，通过集体决策行使共同权利，对劳动组织拥有平等的管理权利。在集体决策中，每个劳动者都拥有平等的知情权、提案权和表决权，而这种决策的平等权利正是共同劳动中所有平等关系的制度保障。平等劳动的经济关系，本质上是劳动者联合体内部通过平等协商组织社会生产，优化配置劳动力资源的共同体原则。因此，这里的管理平等，并不单纯是劳动者个人之间的利益博弈，相反，共同利益是集体决策的依据，每个劳动者在管理中所行使的是平等的公益社员权，而不是劳动力个人所有者的私益权。理想状态下，管理平等的实现形式应当是全体劳动者共同参与的自治民主决策，直接民主，一人一票，少数服从多数。但现实中情况并非如此简单,由于平等劳动本身固有的矛盾,以及决策费用这个不可忽略的"技术因素",管理平等的实现表现为一个复杂多样、曲折艰难的进化过程。

其次,社会主义条件下劳动者个人利益与公共利益的矛盾,决定了公有制经济内部"等量劳动相交换"的权利关系,在生产和分配过程中表现为分工平等与分配平等的权利要求。分工平等即按个人劳动能力分配劳动岗位,善渔者渔,善樵者樵,善耕者耕,善织者织;每个劳动者都有机会在共同劳动中发挥自己的特长,管理能力更强的劳动者则承担起共同劳动的管理职能。这是各尽所能的分工原则,符合劳动力资源优化配置的要求。分配平等是指共同劳动的产出归全体劳动者所有,在扣除各项共同需要之后,个人劳动报酬实行按劳分配,劳动者按劳动贡献得到共同劳动成果的相应份额,多劳多得,少劳少得,奖勤罚懒,甚至不劳动者不得食。只要物质财富尚未充分涌流,个人利益与社会利益仍然存在矛盾,物质资料的分配就不能不遵循这种平等原则。在这里,平等表现为以劳动为同等尺度,而劳动的数量和质量,则完全取决于每个人的能力和努力。正如大家已经看到的,在社会主义经济的实际运行中,分工平等与分配平等的实现都是不充分的,都有一个逐步演进的过程。

最后是劳动者能力发展机会平等。平等劳动的生产关系尽管承认个人天赋能力的差异,但劳动能力差异并非完全因为先天原因,后天的学习也是造成个人能力差异的重要因素。这种差异有可能导致社会分层的固化,与平等劳动的初衷相悖。因此,平等劳动在管理平等、分工平等和分配平等之后,必须再进一层,包含劳动者能力发展机会平等的内容。平等的原则延伸到劳动力再生产领域:社会给每一个劳动者提供平等的能力发展机会(不仅是现在的劳动者,尤其是未来的劳动者),包括同等质量的基础教育,同等机会的在职培训等等,用这样的方式最大限度地缩小因为家庭经济条件的差异以及其他非主观努力因素带来的能力发展机会不平等。这是社会主义经济关系中较晚引起关注的内容,但一定不是最不重要的内容。

三、平等劳动的内在矛盾

不要把平等劳动理解为粉饰太平的溢美之词。我们选择平等劳动表证社会主义经济关系的基本特征,是因为这一理论范畴不仅能够表达社会主义的历史进步性,而且也能揭示社会主义的历史局限性。平等劳动是一个矛盾综合体,它的平等原则建立在不平等权利的基础之上,突出反映了劳动者个体利益与整体利益之间的差异和冲突;在劳动平等的基本内容中,分工平等与决策平等具有不可避免的矛盾,分配平等与能力发展机会平等也存在难以克服的矛盾。社会主义的历史进程是在平等劳动的内在矛盾中展开的。因此,平等劳动并不像人们从文字表面所理解的那样美好,那样具有理想主义色彩。相反,它是社会主义实践所经历一系列艰难曲折的内在原因,是社会主义全部社会矛盾的制度基因。政治经济学不想掩盖甚至否定这些矛盾,相反,它要在平等劳动的矛盾分析中展开对社会主义经济制度全面的、动态的研究。

首先,这种平等权利"是一种不平等的权利"。马克思在《哥达纲领批判》中讨论共产主义初级阶段的分配原则时明确指出,按劳分配所包括的平等权利"对不同等的劳动来说是不平等的权利。它不承认任何阶级差别,因为每个人都像其他人一样只是劳动者;但是它默认不同等的个人天赋,因而也默认不同等的工作能力是天然特权。"[①]平等劳动承认劳动者不同等的劳动能力是天赋特权,即承认劳动力的个人所有权。因此,在马克思看来,这种平等权利"就它的内容来讲,它像一切权利一样是一种不平等的权利。"社会主义近百年的实践表明,这种建立在劳动能力不平等基础上的平等权

---

① 马克思:《哥达纲领批判》,源自《马克思恩格斯选集》第3卷,人民出版社1972年版,第11—12页。

利不仅存在于分配领域,而且也存在于生产领域和流通领域。社会主义是市场经济,等量劳动相交换的原则通行于社会经济的各个领域,不能不对社会经济的方方面面产生深刻影响。

社会主义经济基本权利关系的矛盾产生于劳动者个体利益与整体利益的矛盾:一方面,生产力发展的不充分决定了大多数劳动者个人不愿意超出必要劳动时间为社会提供剩余劳动;另一方面,正处于工业化阶段的社会生产力需要积累巨大数量的剩余价值来扩大生产、加速发展。平等劳动是一种劳动者整体与个人之间的社会契约,它以等量劳动相交换的原则实现双方利益的平衡,两个目标的同步;平等劳动是整体意志对个人意志的制约,它不会消除矛盾,但在整个社会主义阶段,其矛盾的展开推动历史进程。

劳动者人格二重化。公有制经济中生产的人身条件与物质条件属于同一个社会阶级,这其中之所以存在"交换"(等量劳动相交换),是因为劳动者人格的二重化:劳动者整体是生产资料的共同所有者,劳动者个体是自身劳动力的所有者。这是两个相互区别的经济主体。这种区分不是生物学意义上的种群与个体之间的区分,而是经济学意义上的整体利益与个人利益的区别,长远利益与眼前利益的区别;这种区分肯定不具有超越历史的恒久的意义,而是一定历史条件下的产物,因此表现为社会主义经济关系的历史性特征。按照马克思的观点,这种公有制与个人所有制的对立只有历史的暂时性,而在成熟的共产主义经济中必将消失。

劳动者二重人格在共同决策中的矛盾。生产的社会化和生产资料的公有制决定,平等劳动需要集体决策形成共同意志来管理,管理平等的原则决定了参与管理的全体劳动者具有同等管理权利,但却不能直接决定每个劳动者个人在决策中以哪一种人格出现。如果所有人都以劳动力个人所有者的人格出现,以理性个人主义的逻辑参与集体决策,将自己本该行使的"公益社员权"当作争取个人利益最大化的"私益权"来使用,集体决策中有没有"看不见的手"将自利行为转换为整体（集体）利益？公有制经济劳动者个人参与集体决策会采取什么样的行为模式,形成哪些不同的集体决策类型？影响劳动者决策行为和集体决策类型的因素有哪些？如何保证劳动者在集体决策中最大限度地以生产资料公共所有者的人格出现,当之无愧地行使"公益社员权"？这些问题都需要政治经济学更深入的研究。阿罗、奥尔森等人对"社会选择"[①]或"集体行动逻辑"[②]的研究成果值得借鉴,但他们的研究都仅从理性个人主义行为模式出发,显然会有片面性。公有制环境下劳动者人格的二重性要求研究拓宽思路,同时也为理论创新提供了机会。

从生产层面看,平等劳动的内在矛盾表现为分工平等和管理平等的矛盾。分工平等承认人的能力差异,但在集体决策中并不按照能力差异分配决策权利。平等劳动的决策过程天生具有自治与民主性质,无论个人能力大小,集体决策基本的制度规则总归是一人一票。分工平等和管理平等的制度规则不同,因此存在矛盾。随着劳动组织规模的扩大,矛盾还会继续发展。首先,较大规模的劳动集体中,由于劳动的计量和监督的必要,操作劳动和管理劳动的分工迟早会发生。劳动集体内部会形成一个人对多数人的监督与多数人对一个人的监督互为补充的公产代理人制度。管理劳动者是根据能力从内部产生的,这符合分工平等的原则,却不可避免地产生出劳动组织内部管理权利的差别。当然,最高决策权仍然掌握在拥有平等权利的全体劳动者手上,管理代理人直接受全体劳动者监督。随着劳动组织规模的进一步扩大,生产决策和组织协调的内容越来越丰富,管理劳动的复杂程度逐步提高,对管理能力的要求越来越高。在更大规模的劳动集体中,民主决策的成本决定了全体会议制度向代表会议制度和多层代议制演变。公产代理人通过自下而上的多层代表会议产生,再通过自上而下的多层次行政

---

① 肯尼斯.J.阿罗：《社会选择与个人价值》,上海人民出版社 2010 年版。

② 曼瑟尔·奥尔森：《集体行动的逻辑》,上海人民出版社 1995 年版。

体制(科层制度)实施管理,代理人的权力和责任更大,他与委托人之间的距离也越来越远。自治的平等劳动逐步转化为科层的平等劳动。公产代理制的演化改变了管理平等的规则,使得少数人的决策权利有可能凌驾于多数人之上,这违背平等劳动的初衷。为防止此类风险,平等劳动在实践中就需要反对官僚主义,防止公权私用的特殊制度安排。

从分配层面看,平等劳动表现为分配平等与劳动能力发展机会平等两个侧面,二者同样存在矛盾。建立在能力差异基础上的分配平等会导致个人收入差异,这种差异因为家庭负担不同而扩大。这一点,马克思和恩格斯早就有所预料①。在现实的社会主义市场经济中,收入分配的差异还会因为市场经济的"马太效应"而进一步扩大。家庭生活水平的不同导致劳动者子女受教育机会的不同,以及能力发展其他各个方面机会的不同。因此,劳动者整体必须考虑进一步的制度安排,将平等原则延伸到劳动力再生产领域,通过社会提供的基础教育、在职培训等等,给每一个劳动者及其子女提供能力发展的平等机会。显然,消费资料的分配遵循等量劳动相交换原则,而着眼能力发展机会平等的再分配,则突破交换原则而具有平均分配的性质。无论什么样的制度安排都不可能消除矛盾,而只能是缓解矛盾,这一点是更加显而易见的。

四、平等劳动与市场经济

平等劳动与市场经济不可分割地联系在一起。马克思曾经设想过一个没有商品生产和商品交换,却实行按劳分配的共产主义第一阶段。从社会主义近百年的实践经验看,马克思可能错了。按劳分配与商品生产是不可

---

① 马克思:《哥达纲领批判》,源自《马克思恩格斯选集》第 3 卷,人民出版社 1972 年版,第 12 页;恩格斯:《反杜林论》,源自《马克思恩格斯选集》第 3 卷,人民出版社 1972 年版,第 342—343 页。

以分开的。首先，按照生产决定分配的原理，一个社会经济制度不可以只在分配领域实行"等量劳动相交换"原则，而在生产与流通中实行另外一个原则。进一步说，决定社会主义消费资料分配关系的生产条件分配，并非只是生产资料的劳动者公共所有，同时还包括劳动力的劳动者个人所有。社会主义所有制关系中劳动者双重人格的存在不仅对消费资料分配发挥了决定性影响，而且对社会主义经济的生产、流通和消费等所有领域也都发挥着决定性影响。劳动平等的法权意识决不仅仅是"旧社会的痕迹"，它是由社会生产力决定的劳动者个人与整体利益矛盾的产物，是社会主义所有制关系核心内容的外化。正如马克思所说："消费资料的任何一种分配，都不过是生产条件本身分配的结果。而生产条件的分配，则表现生产方式的性质。"①

马克思在 1847—1848 年《资本论》手稿中曾经预测，随着社会化大机器生产的发展，人类社会必将从物的普遍联系为特征的第二大形态（市场经济）演进到人的自由个性全面发展的第三大形态，即没有商品、货币关系的共产主义社会。这一社会大形态根本转变的生产力基础概括地说有以下几点②：(1)由于自动化生产体系效率的不断提高，物质生产所需要的劳动时间将逐步缩短，这就使得直接生产中的劳动时间与财富增长不成比例，以劳动时间作为财富尺度的商品价值生产越来越与生产力发展的趋势相背离。(2)大机器系统的发展与职业专门化分工的内在联系趋于淡化，机器的自动化逐步转向迫使生产技能的经常变换，职业专门化对于提高社会生产力的作用将会减弱，对劳动者全面能力的要求有所提高。而劳动者全面能力的发展，将导致"迫使人们奴隶般地服从分工"的情况消失。(3)生产自动化使得劳动者逐步从物质生产过程之中退守到过程之外，从生产过程的"组件"、附属物，转变成为过程的监督者和控制者。劳动者对生产过程相对地

---

① 马克思：《哥达纲领批判》，源自《马克思恩格斯选集》第 3 卷，人民出版社 1972 年版，第 13 页。
② 参见《马克思恩格斯全集》第 46 卷下册，人民出版社 1980 年版，第 217—219 页。

位的这一变换将对"以物统治人"为特点的商品经济造成颠覆性影响。(4)
综上所述,人的劳动与需要的关系必然发生根本变化,劳动将不再是简单乏
味且反复冗长的谋生手段,不再是每个人不得不付出的牺牲与代价,而成为
机会、体验、乐趣和价值实现,成为人生的需要。对于社会而言,劳动不再是
"稀缺资源",因此,也不再需要市场竞争的外在强制来"迫使个人超出必要
劳动之外为社会提供剩余劳动"。因此,马克思认定,大机器生产的自动化
过程最终必将导致商品价值生产的消亡。仔细对照相关文本不难发现,马
克思此处有关商品、货币关系消亡历史条件的讨论,同《哥达纲领批判》中
关于从按劳分配到按需分配转变的历史条件基本相同①。社会主义近百年
实践使我们越来越相信,这两个转变很可能是同步的。

　　观察当代生产力发展必须承认,大机器生产的自动化水平还远没有达
到马克思所预期的高度。尽管人工智能的前沿领域已经展现了这种技术前
景的无限可能性,甚至比马克思本人的预期还要更加鼓舞人心,但现状是,
要在社会经济中全面实现这样的技术前景还需要相当长的时间,需要几代
人,十几代人,甚至几十代人持续的努力。即使是生产力高度发达的少数国
家,现实的生产方式离马克思所描述的能够引起制度质变的状态也还有太
大的距离。全部物质生产过程的自动化、智能化,这可能吗? 是的,我们现
在有比马克思更多的理由认为这一前景是可能的。但是什么时候能够实
现? 单从人工智能何时替代各种人类职业的长长的清单看,这一天还为时
尚早。况且这种讨论到目前为止主要还是技术性的,如果涉及经济的可能
性,则还很少有人敢做出在几十年时间内实现的乐观预测。放眼全球,生产
力的发展还如此高度不平衡,广大发展中国家是否能够缩小,并且赶上发达
国家的生产力水平,现在还没有人能够给出确切的答案。而没有这样一种
全球经济的均衡发展,人类要向那个每个人得到自由发展的理想社会过渡

---

① 马克思:《哥达纲领批判》,源自《马克思恩格斯选集》第 3 卷人民出版社 1972 年版,第 12 页。

是不可能的。总之，按照马克思给出的生产力标准看，不仅生产力落后的发展中国家，而且包括了所有发达国家在内的世界经济当前还不具备消灭商品价值关系的必要条件。由此得到的一个重要推论是：社会主义市场经济并不单纯是当代中国社会主义实践的独特现象，它应该具有世界历史发展的普遍意义。

由于与市场经济结合，社会主义的生产资料公有制具有特殊的历史性质：这里的所有权天生具有与市场经济相衔接的排他的占有性质，不仅是经济组织对外的排他性，而且是对内的排他性——劳动者两重人格之间的排他性占有关系，公有财产不是个人财产，个人及其家庭的财产也不是公共财产，两个排他性占有都应当得到法权的承认和社会的保障。

由于与市场经济结合，社会主义的经济体系中不可能只有一个劳动组织，即使是公有经济组织也会有覆盖全社会的整体和不同规模的劳动集体的区分。产权多元与经营主体多元是市场交易的必要前提。它首先在公有制经济范围内，在劳动者整体与个体之间产生出各种劳动者集体组织。进而，平等劳动关系也出现了组织内部的平等劳动与社会范围的平等劳动两个层次的区分。

市场经济下的劳动产品具有价值与使用价值的两重性。平等劳动的生产目的究竟是物质财富还是商品价值，成为需要认真对待的问题。平等劳动就其本质而言，是劳动者自己的经济，生产自然以满足生活需要的物质财富为目的。但是，独立生产的劳动组织必须通过商品交换才能实现自身劳动的社会性质，其劳动产品必须转换为货币，才能分配给劳动者个人购买生活消费品。价值成为单个劳动组织的生产目的，成为个人获取生活资料的必要手段。

市场经济对社会主义平等劳动的实现形式产生重大影响，会产生许多不同的企业形式。市场经济对平等劳动的分配方式也产生重大影响。首先,市场经济条件下的分配平等表现为企业内部的平等与社会内部的平等两个相互衔接的层次;其次,社会主义的劳动平等原则与市场经济的要素平等原则同时并存。市场经济的原则是要素平等,他强调生产过程的所有投入因素都要获取平等的回报,劳动报酬只是要素报酬之一,与其并列的还有资本报酬和土地报酬。公有制企业内部的按劳分配,由于企业贡献情况在竞争中得到体现,符合市场规律的激励机制得到加强。但是,在占社会经济相当份额的非公经济的企业内部,实质的分配关系已不再是按劳分配。从这个意义上看,社会范围的劳动平等程度有所下降。但是我们也应当看到,由于公有制经济的主体地位,它对社会范围内的劳动平等程度会有很大影响,而且随着社会经济增长,人民生活改善,国家在社会公平方面的调控力度增强,以公有制为主体的混合所有制经济发育更加完善,社会范围的劳动平等程度会逐步提高。公有制为主体的普照之光,一定会对社会范围的劳动平等程度产生积极影响。这个企业内部的平等劳动与社会内部劳动平等的相互影响,及其演化过程,特别需要政治经济学深入细致的研究。

五、平等劳动的发展阶段

平等劳动是动态演化的经济范畴。我们研究的是社会主义经济各个发展阶段的平等劳动。作为基本经济关系,平等劳动在社会主义经济制度中是真实的存在,而不是理想化的观念形态的东西。但是,在不同发展阶段上劳动平等的实现程度却是不断变化的,其完善不可能一蹴而就,需要在长时间的艰苦努力中逐步形成。平等劳动关系的形成需要通过若干个相互衔接、依次递进的阶段。在贫穷落后的发展中国家建设社会主义,更加需要许多代人矢志不渝、前赴后继的努力。社会主义基本经济制度是逐步完善的,社会主义理想的实现也需要社会生产力的高度发展和经济发展方式的逐步转变。人类社会是在曲折和磨难中演化发展的,社会主义也只有在目标明确的持续努力中艰难前行。

根据中国特色社会主义 70 年发展的历史事实,我们将社会主义平等劳动关系的发育划分为"科层的平等劳动""竞争的平等劳动""共享的平等劳动"和"自由的平等劳动"四个阶段。我们将中国特色社会主义近 70 年的发展进程理解为特定工业化阶段与特定的平等劳动演进阶段相结合的过程,总体而言,这是一个随着社会生产力的持续发展,社会主义生产关系逐步完善的过程:

第一个阶段是强制工业化与科层的平等劳动相结合。时间大致对应于我国改革开放前 30 年,同时,苏联的 70 年社会主义计划经济实践也大体表现为这一特征。之所以称强制的工业化,是因为这一阶段的工业化是由国家力量自上而下强制推动的,是用背离市场规律的方式从外部强行推进的,整个工业化阶段缺少自下而上的自发力量、内生力量。但是,从国情出发,强制工业化却是唯一正确选择。我们要讨论它的客观必要性。大科层体制,或者如列宁所说的"国家辛迪加",是这一发展阶段工业化的组织方式,它有它的经济必然性,由此导致社会主义平等劳动形成初期的特点,它的历史进步和局限性,它对工业化进程的推动作用,等等。

第二个阶段为内生的工业化与竞争的平等劳动相结合。时间大体为改革开放最初 30 年,这是当代社会主义最具特色的 30 年,是社会主义与市场经济深度结合的 30 年。工业化之所以能够内生发展,是因为市场机制的作用,但并不仅仅依靠市场机制,政府的作用仍然十分重要。工业化的快速启动需要一系列历史条件的偶合,其中的经验值得深入细致地总结。中国增长奇迹绝不是自动生成的。但是,市场经济下的工业化进程一旦启动,一旦进入良性循环,它的确具有某种内生性,形成一种内生的推动力量,不断向改革与发展提出必须解决的问题,进而与平等劳动的制度内生力量一起,形成内生的快速工业化进程。这一阶段的社会主义生产关系表现为竞争的平等劳动。邓小平"先富后富"理论概括了这一发展阶段的鲜明特点。市场竞争具有自己的平等要求,它虽然与劳动平等存在差异,却也部分地包含了企业之间、劳动者个人之间基于劳动贡献的平等内容,相对于计划经济下的分配平均主义仍然是历史的进步。当然市场竞争具有两极分化的自发趋势,这就构成了竞争的劳动平等不可避免的矛盾,这是市场经济30年中国工业化进程中一系列矛盾的制度基础。在生产力发展的一定阶段上,这个矛盾是不可避免的,但是随着生产力的发展,这一矛盾必须得到及时有效的解决。

第三个阶段是可持续工业化与共享的平等劳动相结合。当前我们正处于这一时代的前期,一些重要的生产力与生产关系特点才刚刚显露,甚至有过渡性特点,但新时代的基本特点已经清晰可辨:一个劳动平等程度更高的社会主义,一个社会经济关系更加和谐的社会主义,一个更加充分地体现社会主义本质特征的经济体制。它还会逐步消除市场两极分化趋势,抵制资本主义危机外部冲击,向世界传递"命运共同体"的正能量;生产关系与生产力发展的要求更加适应,更加具有良性互动的特点。从这里出发,我们还可以进一步讨论生产力的持续发展,以及价值生产、资本关系消亡的过渡形式,等等。

社会主义经济制度的最后一个发展阶段,可能是后工业化与自由的平等劳动相结合。自由人联合体最终将扬弃以劳动为尺度的平等原则,通往更加高级的社会形态。当然,要实现平等劳动向自由劳动的最后转变,还需要相当长的时间。

从社会主义社会发展更加广阔的视野看,本文从生产力与生产关系互动关系的角度所定义的中国特色社会主义经济发展阶段,对应着我国社会主义初级阶段发展的三个时代:强制工业化与科层的平等劳动对应着"毛泽东时代"，内生的工业化与竞争的平等劳动对应着"邓小平时代"，而可持续工业化与共享的平等劳动则对应着中国特色社会主义新时代。内生工业化与竞争的平等劳动阶段实践的研究，大体能够回答社会主义政治经济学研究两大根本问题中的一个，即"中国奇迹是如何产生"。而要更加完整地回答另一个重大问题："中国道路往何处去"，对可持续工业化与共享的平等劳动的深入而有前瞻性的研究应当受到更多关注。也就是说，政治经济学所要解决的问题不仅仅是中国特色社会主义"是怎样的"，而且还需要解决中国特色社会主义"应该是怎样的""将会是怎样的"；"实然"的研究命题与"应然"的研究命题及"必然"的研究命题并不是相互排斥的，相反，它们必须相互印证，形成一个完整的辩证逻辑链。总之，中国特色社会主义政治经济学体系应当贯穿两条线索，一是作为主体范畴的平等劳动在社会生产力发展过程中的演化；另一个是社会劳动生产力在平等劳动制度框架内的发展。范畴体系应当兼顾这两条线索，应当是双螺旋的基因结构。在此基因构造中，中国特色社会主义政治经济学的全部内容，将逐步展开从抽象到具体的绚丽画卷。

参考文献：

[1]马克思恩格斯全集[M].北京：人民出版社，1982.

[2]马克思.资本论[M].北京：人民出版社，2004.

[3]马克思恩格斯选集[M].北京：人民出版社，1972.

[4]列宁.国家与革命[M].北京：人民出版社，1964.

[5]荣兆梓.论公有产权的内在矛盾[J].经济研究，1995(9).

生产力与未来社会

马克思主义政治经济学研究的全部结论可以归结为一句话：资本主义必然要灭亡，共产主义必然会实现。但是一段时间里，我们的大学课堂上却很少讲共产主义的未来前景，至少不再把它当作一种科学理论来讲。本编首篇论文写作和发表于世纪之初那个特别的时间点，其现实意义甚至要超过理论意义。针对国外一些人以资源稀缺性的绝对性为理由，否认"丰裕社会"可能性的观点，文章指出，马克思所说的共产主义的丰裕是明确限定目的性的相对丰裕，而不是排斥任何形式资源稀缺性的绝对丰裕。未来社会中人的劳动时间的稀缺性将会消失，劳动生产率的提高以及劳动的社会性质的变化，会最终克服劳动与自由时间的对立，使得劳动时间的稀缺性这一历史的产物，转化为自由时间的稀缺性。因此说，马克思的共产主义学说是科学的。

本编的第二篇论文联系现代科技革命与产业革命的最新特点，进一步确认产业革命的不变趋势是机器对人的劳动的替代，以及社会生产过程的日益自动化；其新特点是计算科学与生物科学的进展使机器对人的脑力劳动的替代成为可能，一种人机合一的分布式自组织的超生物系统正在发展并且逐步显现其优势。现代科技发展证明了市场经济终将被更具适应性、更加有效率的建立在分布式网络系统基础上的新计划经济所取代。当代社会主义能够以其特殊的制度优势，突破生产力发展的障碍持续地推进社会进步，最终实现共产主义。

经济学的稀缺性与马克思的丰裕社会①
——《资本论》读书札记

英国经济学家亚列克·诺夫在《可行的社会主义经济》一书中从丰裕概念开始批判马克思的社会主义和共产主义理想。这是一种当前颇为流行的、颇具代表性的观点。诺夫写道:"让我们把'丰裕'定义为在价格为零时对需求的充分满足,任何通情达理的人都不会感到不满足或追求更多的东西(或至少是可以再生产的任何东西)。这个概念在马克思所想象的社会主义共产主义中起着决定性的作用。""丰裕消除了资源分配的冲突;因为根据定义,有足够的东西供大家享用,所以不存在相互排斥的选择,没有放弃的机会,因而也没有任何机会成本。""共产主义的稳态均衡将可以达到"。"贪欲将会褪去;财产权以及与财产有关的犯罪也将消失","物质追求将失去全部意义。""我认为,这种意义上的丰裕是不可接受的设想。"②

毫无疑问,丰裕概念在马克思的共产主义理论中具有重要作用,但社会主义理论则不同,《哥达纲领批判》中所说的"物质财富充分涌流"指的是共产主义高级阶段,而恰恰不包括其初级阶段。事实上,按劳分配的存在,等量劳动相交换的"市民权利"的存在都是以物质产品的稀少性的存在为前

---

①　原载于《教学与研究》2000 年第 4 期。

②　亚列克·诺夫:《可行的社会主义经济》,中国社会科学院出版社 1988 年版,第 21—22 页。

提的。但是这一点并不重要，重要的是诺夫提出了建立在丰裕基础上的共产主义社会是否可能，理论上是否是可接受的设想，这样一个尖锐问题，使得共产主义者不得不正面回答。

马克思所设想的物质产品的丰裕（物质财富充分涌流）当然不是零成本生产，也不是不需要考虑机会成本，不是不存在资源与劳动在不同生产部门的分配，相反马克思明确指出，共产主义社会劳动时间节约规律仍然会发挥作用，并且劳动的外在必然性仍然存在。没有劳动的投入就没有产品的产出，没有劳动时间的合理分配和劳动生产率的大幅度提高，也就没有丰裕社会的实现。但是在马克思看来，未来社会的丰裕是建立在"劳动丰裕"基础上的物质产品的相对丰裕。也就是说，一旦作为生产物质生活资料基本手段的劳动不再成为痛苦的、为谋生而不得不付出的代价时，丰裕社会就来临了。康芒斯说：斯密"把价值解释为劳动痛苦的作用而不是稀少性的作用，就是把稀少性人格化为这个劳动的痛苦"，"劳动痛苦是一种能使那感到痛苦的劳动者立刻了解的东西——他感觉不到稀少性，也感觉不到他的劳动力——他感觉到劳动的痛苦，这痛苦随着天然资源的稀少而加重，随着丰裕而减轻。如果稀少性是哲学家的回想，痛苦却是人类的感觉。"[①]就"劳动痛苦"与稀少性的关系而言，康芒斯的认识是准确的。

我以为以下三段话对于理解马克思丰裕社会的真正含义具有重要意义。

马克思的第一段话：

马克思在评说斯密将劳动看作"牺牲"的观点时有一段对劳动在未来社会中的社会性质的重要评论。

> "'你必须汗流满面地劳动！'这是耶和华对亚当的诅咒。而亚当·斯密正是把劳动看作诅咒。在他看来'安逸'是适当的状

---

① 康芒斯：《制度经济学》，商务印书馆1962年版，第206页。

态,是与'自由'和'幸福'等同的东西。(现代经济学关于劳动与闲暇的对立正是斯密这一基本观念的翻版——引者)一个人'在通常的健康、体力、精神、技能、技巧的状态下',也有从事一份正常的劳动和停止安逸的需求,这在斯密看来是完全不能理解的。(也是现代经济学,包括相信现代经济学教条的诺夫所不能理解的——引者)诚然,劳动尺度本身在这里是由外面提供的,是由必须达到的目的和为达到这个目的而必须由劳动来克服的那些障碍所提供的。但是克服这种障碍本身,就是自由的实现,而且进一步说,外在目的失掉了单纯外在必然性的外观,被看作个人自己提出的目的,因而被看作自我实现,主体的物化,也就是实在的自由,——而这种自由见之于活动恰恰就是劳动,——这些也是亚当·斯密料想不到的。""这种劳动还没有为自己创造出(或者同牧人等等的状况相比,是丧失了)这样一些主观的和客观的条件,在这些条件下劳动会成为吸引人的劳动,成为个人的自我实现,但这决不是说,劳动不过是一种娱乐,一种消遣,就像傅立叶完全以一个浪漫女郎的方式极天真地理解的那样。真正自由的劳动,例如作曲,同时也是非常严肃,极其紧张的事情。"①

严肃而紧张的自由劳动将具有吸引人的性质,成为个人的自我实现,从而与幸福而不是痛苦等价。如果这样性质的劳动能够实现,那么使劳动具有稀缺性的根源就消失了。社会只是为丰裕的个人劳动提供实现条件,而不需要为使个人更加努力劳动而提供刺激。在当前社会经济发展的条件下当然还不能实现这一理想状态,但是古往今来的科学家和艺术家们在自己醉心的领域自发的献身精神一再证明了马克思关于劳动等于幸福的公式的现实性。人们所要讨论的只是这一公式在全社会普遍化的可能性。马斯洛

---

① 《马克思恩格斯全集》第46卷下册,人民出版社1982年版,第112—113页。

关于人的自我实现的需求层次理论从心理学意义上证明了这一公式普遍实现的可能性,用马斯洛的术语,只要较低需求层次的需求得到满足,自我价值实现自然要成为人们追求的主要目标。这至少在逻辑上是可以成立的。

马克思论证自己观点的逻辑更为严谨,他紧接着说:"物质生产的劳动只有在下列情况下才能获得这种性质:(1)劳动具有社会性;(2)劳动具有科学性,同时又是一般劳动,是这样的人的紧张活动,这种人不是用一定方式刻板训练出来的自然力,而是一个主体,这种主体不是以纯粹自然的,自然形成的形式出现在生产过程中,而是作为支配一切自然力的那种活动出现在生产过程中。"①

马克思的第二段话:

同书第 217—219 页有一段话更详细地说明了"主体""作为支配一切自然力的活动出现在生产过程中"的含义。马克思在判定商品生产发展的前提始终是"直接劳动时间的量,已耗费的劳动量是财富生产的决定因素"之后,紧接着说:

> "但是,随着大工业的发展,现实财富的创造较少地取决于劳动时间和已耗费的劳动量,较多地取决于在劳动时间内所运用的动因的力量,而这种动因自身——它们的巨大效率——又和生产它们所花费的直接劳动时间不成比例,相反地却取决于一般的科学水平和技术进步,或者说取决于科学在生产上的应用。""现实财富倒不如说是表现在——这一点也由大工业所揭明——已耗费的劳动时间和劳动产品之间惊人的不成比例上,同样也表现在被贬低为单纯抽象物的劳动和由这种劳动看管的生产过程的威力之间在质上的不成比例上。劳动表现为不再像以前那样被包括在生产过程中,相反地,表现为人以生产过程的监督者和调节者的身份

---

① 《马克思恩格斯全集》第 46 卷下册,人民出版社 1982 年版,第 113 页。

同生产过程本身发生关系。(关于机器体系所说的这些情况,同样适用于人类活动的结合和人类交往的发展。)这里已经不再是工人把改变了形态的自然物作为中间环节放在自己和对象之间;而是工人把由他改变为工业过程的自然过程作为媒介放在自己和被他支配的无机自然界之间。工人不再是生产过程的主要当事者,而是站在生产过程的旁边。"①

这个由现代自动化生产的发展所证实的生产方式的革命意味着,物质财富的增长无论以哪一种时间尺度衡量都不再与劳动量的增长成比例,劳动不再能够当作财富的社会尺度。"在这个转变中,表现为生产和财富的宏大基石的,既不是人本身完成的直接劳动,也不是人从事劳动的时间,而是对人本身的一般生产力的占有,是人对自然界的了解和通过人作为社会体的存在来对自然界的统治,总之,是社会个人的发展。""个性得到自由发展,因此,并不是为了获得剩余劳动而缩减必要劳动时间,而是直接把社会劳动缩减到最低限度,那时,与此相适应,由于给所有的人腾出了时间和创造了手段,个人会在艺术、科学等等方面得到发展。"②而这种发展,如马克思所设定的,表现为人本身的一般生产力,直接表现为社会财富。劳动仍然是丰裕的必要条件,但必要劳动时间的缩减(即社会个人的发展)也是丰裕的必要条件,为了这种缩减,节省劳动时间的规律仍然是重要的。劳动生产率的提高、劳动时间的缩短是量的变化,而科学技术进步在物质生产中的作用的决定性提高,则是这种量变所引起的质变,自动化的生产过程成为由人支配而几乎无人参与的"自然过程",这是人类生产力发展史上的一次质变,它不仅意味着物质产品的极大丰富,而且意味着人的个性发展的丰富,意味着劳动在生产过程中不再具有稀缺性。马克思之后一百年机器大工业

① 《马克思恩格斯全集》第46卷下册,人民出版社1982年版,第217页。
② 《马克思恩格斯全集》第46卷下册,人民出版社1982年版,第218—219页。

的发展使我们不能不惊叹马克思对现代生产力本质的洞见。这种生产的发展能不能达到马克思所说的那种高度自动化的状态呢？物质产品的生产能否更多地取决于科学技术的进步而不是直接生产劳动量的耗费呢？现代经济学关于经济增长贡献率的统计分析（全要素生产率贡献率在各发达国家已在50%以上），以及从中可能看到的发展趋势足以表明，马克思的预见是有可能实现的。

杰里夫·里夫金1995年出版了一本新书：《工作的终结——后市场时代的来临》，根据当今世界最发达国家美国社会的丰富资料，分析了新的技术革命在缩短劳动时间方面的巨大潜力，认为信息时代的生产率提高，使得"在现代历史上第一次大批的人可以从正规工作场所的长时间的劳动中解放出来，自由地进行闲暇活动"，再一次验证了马克思在一百多年前预见的科学性。里夫金的讨论大量涉及这一技术革命的趋势与现实市场制度的矛盾，他指出：这个新技术革命可能意味着更短的劳动时间，为千百万人造福，但同样的技术力量也可以很容易地导致失业的增加和全球经济萧条。是乌托邦式的天堂还是地狱般的未来，在很大程度上取决于对信息时代生产率提高所产生的收益如何分配。[1] 尽管与马克思关于未来社会的结论不同，但他也已经充分认识到，新技术革命的进一步推进最终必然导致重大的社会变革。

马克思的第三段话：

《资本论》第3卷中有一段话可以看作是前引两段话的进一步发挥和说明。马克思在讨论一般剩余劳动的必要性以及资本主义剩余劳动的特殊性之后指出：

"资本一方面会导致这样一个阶段，在这个阶段上，社会上的一部分人靠牺牲另一部分人来强制和垄断社会发展（包括这种发

---

[1] 杰里夫·里夫金：《工作的终结——后市场时代的来临》，上海译文出版社1998年中文版，第19页。

展的物质方面和精神方面的利益）的现象将会消灭；另一方面，这个阶段又会为这样一些关系创造出物质手段和萌芽，这些关系在一个更高级的社会形式中，使这种剩余劳动能够同物质劳动一般所占用的时间的更大的节制结合在一起。""也就是说，社会的现实财富和社会再生产过程不断扩大的可能性，并不是取决于剩余劳动时间的长短，而是取决于剩余劳动的生产率和进行这种剩余劳动的生产条件的优劣程度。事实上，自由王国只是在由必要性和外在目的的规定要做的劳动终止的地方才开始；因而按照事物的本性来说，它存在于真正物质生产领域的彼岸。像野蛮人为了满足自己的需要，为了维持和再生产自己的生命，必须与自然搏斗一样，文明人也必须这样做；而且在一切社会形式中，在一切可能的生产方式中，他都必须这样做。这个自然必然性的王国会随着人的发展而扩大，因为需要会扩大；但是，满足这种需要的生产力同时也会扩大。这个领域内的自由只能是：社会化的人，联合起来的生产者，将合理地调节他们和自然之间的物质交换，把它置于他们的共同控制之下，而不让它作为盲目的力量来统治自己；靠消耗最小的力量，在最无愧于和最适合于他们的人类本性的条件下来进行这种物质变换。但是，这个领域始终是一个必然王国。在这个必然王国的彼岸，作为目的本身的人类能力的发挥，真正的自由王国，就开始了。但是，这个自由王国只有建立在必然王国的基础上，才能繁荣起来。工作日的缩短是根本条件。"①

可见，马克思所说的共产主义的丰裕是明确限定目的性的相对丰裕，而不是排斥任何形式稀少性的绝对丰裕。

第一，这种丰裕要求在物质生产的必然王国，人能够成为过程的主人而

---

① 马克思：《资本论》第 3 卷，人民出版社 2004 年版，第 928—929 页。

不是过程的奴隶,生产过程能够与人类自身发展的要求一致而不是相对立(马克思论著中大量的关于造成人的片面发展的"旧式分工"以及消灭这种分工的未来社会前景的分析,是说明这一问题的另一个重要方面)。由于物质生产过程性质的变化,劳动不再具有痛苦与牺牲的性质(马克思早期著作中"消灭劳动"的提法也应当这样理解),这就从根本上消灭了作为生产要素的劳动资源稀少性的根源。

第二,这种丰裕要求在物质生产必然王国的彼岸有一个越来越"丰裕"的自由王国,以实现人类能力的发展。在马克思看来未来社会的财富正是以人的能力的全面发展为尺度的,未来社会的丰裕直接地要以这种能力的发展来定义。

综合以上两点,工作日普遍缩短到一定限度(如每周20小时或更少)应该是丰裕的尺度和标志。现代发达国家法定工作日缩短的趋势表明,马克思的理想绝非乌托邦,它的实现只是一个时间问题。马克思的丰裕概念不消灭机会的冲突和选择的必要,甚至也不消除供给与需求的矛盾,但它足以缓解直至消灭个人与社会的基本的利益矛盾——个人"痛苦"的加重(劳动)与社会财富的增加之间的矛盾。这一点对于建立理想社会来说已经足够了。人们享受着自己的生活(注意未来人的"享受"观与现代人的差别),同时也贡献着社会的财富,二者越来越融合为一个整体,而不像现代社会那样分裂为对立的两极。建立在这种丰裕基础上的社会也会有自己的社会矛盾,但未来社会的社会矛盾将会有与现代社会完全不同的性质。公私利益的排他性对立将消失,私有制将不复有存在的必要。

说劳动生产率增长到一定程度,劳动的稀少性就会转变为丰裕,这对经济学家们来说是很难理解的。扬格(这是一位对劳动生产率的增长在现代经济中的作用有较深刻理解的经济学家)就说过,"劳动生产率或稀缺程度(这些词具有同一含义)越高,在具有技术优势的间接或迂回方式中相对节约使用劳动的程度也就越高,即使这个过程比简单方法要求更大的资本增长。"①在他们看来,因为稀少而要节约,节约的发展标志着稀少程度的提高,这是最简单明了的逻辑。节约而最终克服稀少性,于他们是很难理解的。他们不知道,劳动生产率的提高以及劳动的社会性质的变化,会最终克服劳动与自由时间的对立,使得劳动时间的稀缺性这个历史发展一定阶段的产物,转化为自由时间的稀缺性,它直接表现为人的生活时间的稀缺性,也即生命的有限性这一永恒主题。

但是马克思在关于未来社会的讨论中很少涉及自然资源的稀缺性以及人口过度增长所引起的资源与环境问题。这是否马克思的一个"疏忽"呢?

马克思完全理解自然资源的丰裕程度与劳动生产力的关系。"撇开社会生产不同发展程度不说,劳动生产率是同自然条件相联系的。这些自然条件都可以归结为人本身的自然(如人种等等)和人周围的自然。""绝对必需满足的自然需要的数量越少,土壤自然肥力越大,气候越好,维持和再生产生产者所必需的劳动时间就越少。""资本主义生产一旦成为前提,在其他条件不变并且工作日保持一定长度的情况下,剩余劳动量随劳动的自然条件,特别是随土壤的肥力而变化。但绝对不能反过来说,最肥沃的土壤最适于资本主义生产方式的生长。资本主义生产方式以人对自然的支配为前提。过于富饶的自然'使人离不开自然的手,就像小孩子离不开引带一样'。它不能使人自身的发展成为一种自然必然性。"②

显然,马克思认为,自然资源一定程度的稀少性是现代生产力发展的前提和动力,在未来社会中,这种稀少性不会消失,甚至还会逐步的有所发展。问题只在于劳动生产力的进步速率必须快于这种稀少程度的发展,这一点应该是包含在物质生产是必然王国的判断之中的。相似地,人类的需求增

① 《比较》,1996年第2期,第54页。
② 《马克思恩格斯全集》第23卷,人民出版社1982年版,第560—561页。

长永远也不会停止,问题只在于劳动生产力的进步速率必须快于需求的增长。

马克思关于未来社会的讨论中真正没有涉及的一个重要的有关稀缺性的问题是,地球生物圈对全球人口规模的限制问题。这个问题在马克思的时代还未成为突出问题,但当代马克思主义者对此应该有所说明。道格拉斯·诺斯说:"马克思轻视人口变动在历史上的重要作用。马克思不想让人口变动在他的模型中起重要作用是可以理解的;但是一个马克思主义模型要是吸收人口增长则将大大提高它的说服力。"①当代马克思主义者应当采纳诺斯的这一正确意见。

在我看来,过度人口增长造成的地球村的拥挤,也可以看作人口增长引起的资源稀少程度超出了劳动生产力进步速度,这个问题不解决,理想社会的丰裕是不可能实现的。从全人类的共同利益出发,社会必须采取一致行动,计划生育、控制人口。这在技术上已经没有任何问题,困难的是社会协调,当前全人类还没有这种协调能力, 但是,这种能力却是包含在马克思所设想的未来人类的全面能力的定义之中的。前引第二段有一句括弧里的话表明,马克思对此有明确认识:这里"关于机器体系所说的这些情况(人作为过程的监督者和调节者与过程发生关系——引者),同样适用于人类活动的结合和人类交往的发展"。类似地,未来的人对于自己社会的需求模式应当也具有一定的调节与控制能力。这不是说未来社会要依靠节欲来解决稀少性问题,而是说社会将有能力使社会的个人理解合理的,即有利于自身全面发展的消费模式,并以此来规范自己的消费行为,与这种真正目的相违背的消费行为将被自觉杜绝。未来社会的自由人并不是不受制度约束的,这一点必须使每一个愿意理解共产主义理想的人理解。

---

① 道格拉斯·诺斯:《经济史上的结构和变革》,商务印书馆 1992 年版,第 62 页。

参考文献:

[1]亚列克·诺夫.可行的社会主义经济[M].北京:中国社会科学院出版社,1988.

[2]马克思恩格斯选集[M].北京:人民出版社,1972.

[3]马克思恩格斯全集[M].北京:人民出版社,1982.

[4]马克思.资本论[M].北京:人民出版社,2004.

[5]康芒斯.制度经济学[M].北京:商务印书馆,1962.

[6]杰里夫·里夫金.工作的终结——后市场时代的来临[M].上海:上海译文出版社,1998.

[7]道格拉斯·诺斯.经济史上的结构和变革[M].北京:商务印书馆,1992.

新一轮科技革命对人类社会发展的影响①

工业化进程中科技革命带动产业革命是普遍规律，从 18 世纪中叶以来，这样的革命已经经历了四次，以蒸汽机和纺织业为特征的第一次产业革命，以电力和汽车业为特征的第二次产业革命，以信息通信技术和计算机为特征的第三次产业革命，以及当前以数字智能、生物、新材料技术系统集成为特征的第四次产业革命。科学技术在广泛交叉和深度融合中不断创新，越来越成为推动经济社会发展的主要力量。

二百多年来贯穿四次产业革命的一个不变的趋势是：机器对人的劳动的替代，社会生产过程的日益自动化。马克思观察第一次产业革命的历史事实，便深刻理解社会生产力发展的这一新特征，并且预测这一发展趋势必将对人类社会产生深远影响。马克思之后，预期的进程从未停止，并且持续加速；实践中，机器对劳动的替代从体力劳动逐步扩展到脑力劳动，生产正由自动化升级为智能化。

根据机器所替代人类劳动性质的变化，可以将工业化进程划分为前后两个时期。前一个时期包括第一次产业革命和第二次产业革命，以经典物理学带动的科学进展为依托，主要在生产过程的物质和能量层面创新突破，表现为工作机、发动机和传动机组成的机器系统的持续变革。后一个时期

---

① 荣兆梓、华德亚、王亚玄等著，原载于《政治经济学季刊》2019 年第 1 期。

包括第三次产业革命和第四次产业革命,信息科学与生物科学先导的现代科学进展,导致生产过程在信息层面的创新突破,表现为电子计算机技术、网络技术、机器人技术等在物质生产过程的运用和生产智能化过程的加速。不仅如此,信息技术与数字技术的突破还极大提高科学研究本身的手段和能力,加速了科技与产业相互促进的进程。如果说产业革命的第三阶段只是数字化智能化生产的孕育期,那么,当前新一轮产业革命应该是信息技术突破的收获期。未来三十年,自动化、智能化技术的发展,能源技术、材料技术等的相应变革,必然带来社会生产方式的系统性甚至颠覆性突破。信息技术与生物技术的交叉融合将使得机器系统和生物系统的界线模糊,随着仿生学、脑科学、基因技术与物联网、大数据、云计算、智能机器人技术、穿带式智能技术的加速融合,一个兼具机械装置和生物体双重特征的具有自组织自学习功能的机器——生物大系统,将成为人与自然和谐相处的全新样态。人类社会关系,将随着这些新技术的成长而发生系统性的变革。

马克思曾经预测,随着社会化大机器生产的发展,生产自动化过程将以其自身固有的逻辑导致人类生活的一系列变化①。概括地说:(1)由于自动化生产体系效率的不断提高,物质生产所需要的劳动时间将逐步缩短,尽管物质财富充分涌流,生产这些财富的人类劳动却将不可逆转地减少。这就使得直接生产中的劳动时间与财富增长不成比例,以劳动时间作为财富尺度的商品价值生产越来越与生产力发展的趋势相背离。(2)大机器系统的发展与职业专门化分工的内在联系趋于淡化,机器的自动化从一开始导致劳动者"去技能化",逐步转向迫使生产技能的经常变换,职业专门化对于提高社会生产力的作用将会逐步减弱,对劳动者全面能力的要求有所提高。而劳动者全面能力的发展,无疑将导致以旧式分工为基础的商品交换关系的终结。(3)生产自动化使得劳动者逐步从物质生产的过程之中退守到过

---

① 参见《马克思恩格斯全集》第46卷上册,人民出版社1982年版,第108页。

程之外，从生产过程的"组件"、附属物，转变成为过程的监督者和控制者。劳动者对生产过程相对地位的这一变换，无疑将对"以物统治人"为特点的商品经济造成颠覆性影响。(4)综合以上所有变化，人的劳动与需要的关系必将发生根本变化，劳动将不再是简单乏味且反复冗长的谋生手段，不再是每个人不得不付出的牺牲与代价，即不再是经济学所谓的"负效用"，而成为机会、体验、乐趣和价值实现，成为人生的需要。对于社会而言，劳动不再是"稀缺资源"，因此，也不再需要市场竞争的外在强制来"迫使个人超出必要劳动之外为社会提供剩余劳动"。因此，马克思认为，大机器生产的自动化过程最终必将导致商品价值生产的消亡，科学技术进步推动的社会生产力发展，将以不可阻挡的步伐推动人类社会进入共产主义。

马克思之后百余年的历史发展始终沿着机器替代人的劳动的方向前进，机器系统的自动化能力不断提高。尽管马克思没有看到计算机科学与智能化技术的发展，没有预测机器对脑力劳动的替代。但是，这一发展只会加强而不是削弱机器对人类劳动替代的未来前景。过去以为程序过于复杂而难以为机器替代的工作，现在在计算机程序的控制下自动进行，不仅速度更快，而且精度更高。随着像围棋对弈这样的"复杂劳动"中机器的胜出，人们对机器终将全面替代直接生产中人类劳动的技术前景，已经不再有任何怀疑。

与此同时，马克思关于生产力发展对社会关系影响的预测也在逐步显现：一百多年来，劳动者工作日长度已经明显缩短，直接生产过程中蓝领工人的绝对数和相对数都大幅下降，白领工人的人数增加，并且劳动者"再技能化"趋势逐步显现，其受教育年限总体的稳定的增加反映了这一趋势。然而，一个没有商品货币关系的未来社会却没有到来。社会发展的不平衡与不充分应该是根本原因。全球范围内生产力发展的不平衡、财富分配的不平等不仅普遍存在，而且仍然有扩大的趋势；即使在经济高度发达的西欧、北美国家,生产的自动化也未能使直接生产过程中的劳动降到最低限度,机器替代人的劳动的过程远没有完成,而且现有的社会经济制度还严重地阻碍着这一进程。全球范围的经济发展,还没有达到能够使所有人自由、全面发展那样的充分程度,并且在短期内还不可能达到这样的程度。

长期看,科技革命和产业革命的继续发展是否能够如马克思所设想的那样,导向共产主义的前景?人们对此还有诸多疑虑。为消除这些疑虑,政治经济学必须根据新情况回答以下两个根本问题。

第一,现代科学技术的发展是证明了分散决策的市场经济的不可替代性,还是恰好相反?

现代科学技术的发展表明,大规模自动化系统存在两种典型的构成方式,因为尚未形成统一的概念,本文中姑且称它们为集中控制的机械系统和分布式自组织的超生物系统。虽然现实中大多数系统的构造都介乎二者之间,但大致的区分还是可能的,比如钟表装置,传统制造业的机器设备属于集中控制的机械系统;而互联网、物联网以及机器学习,则显然具有分布式自组织的超生物系统特征。未来学家凯文·凯利曾经对二者的优势与缺陷做过比较,认为:集中控制的机器系统具有可预测、可控制、精确、即时与高效的特点,而分布式自组织的超生物系统的优点在于弹性和可适应性、新颖和可进化性。① 分布式系统之所以有以上优点,是因为系统构造具有四个突出特点:一是没有强制的中心控制,二是系统的组织单元具有"自治"特质,三是系统单元之间彼此高度连接,四是"点对点间的影响通过网络形成了非线性因果关系"。因此,说分布式系统是"无控制"系统肯定不对,这种系统是"自组织"的。当然它也有自己的缺点,如非最优,不可知,不能"精确控制"等。因此,凯文·凯利认为:为"在控制与适应性中间寻找一个平衡

---

① 凯文·凯利:《失控》,电子工业出版社 2016 年版,第 35—36 页。

点"，"最有利于工作的设备"应该是两种构造的"混血儿"。①

尽管如此，新科技革命的重心毕竟在互联网和智能机器人这边。新一轮科学发现和科技成就，将更多社会科学家的注意力聚焦到分布式系统，于是，一种新的社会科学理论应运而生。这种理论注意到，市场经济同样是一个分布式网络结构，因此，它的优势和成就是可以与新科技革命的成就相类比，并由新科技革命的成就给予解释的。市场结构，一个强调个体自治和个体间连接的，没有控制中心的社会结构，应该具备适应性和自组织性的巨大优势，因此天然成为人类社会的最优组织形式。计划经济作为一种中央控制体系，在社会制度的竞赛中必然失败。马克思的社会理论建立在机器系统的技术基础之上，他只看到了机器系统的高效率和可预测、可控制性，而从没有看到过网络结构自组织的强大功能，当然也不可能预测这种功能未来发展的巨大潜力。因此，马克思的理论已经过时了。

上述社会理论的错误在于：首先，对未来生产有计划的本质特征在理解上有偏误，其将计划经济等同于机械构造的结论是错误的。计划经济条件下的人并不是毫无主见、盲目服从、机械式的个体，马克思所设想的未来社会，是一个自由人联合体，每个社会成员都是自由个性得到全面发展的具有高度自主性的个体，社会组织本质上一定是自治的。中心控制并不是计划经济的本质特征。社会经济，尤其是社会生产过程事先的可预测性、合目的性才是根本。社会有机体预测未来，并且为之做好准备，这便是计划经济的基本特征。现代网络技术，通过从消费者到生产者的直接连通——订单生产，在技术上规定了生产的直接社会性，这是向计划经济迈出的坚实一步。千里之行始于足下，现代科学技术的发展，预示了生产直接社会性的未来。现代经济中货币形式的演化，预示了事物的另一面。作为商品价值表现的货币，在网络化电子货币形式上已经不再与任何具体的商品使用价值相联

---

① 凯文·凯利：《失控》，电子工业出版社 2016 年版，第 38 页。

系,它表现为一个数字符号。毫无疑问,这个数字符号背后的实质,仍然是商品生产中的社会必要劳动时间,但是劳动时间通过使用价值体来表达的颠倒的关系,至少在技术上已经不再必要。电子货币的形式预示着直接用劳动时间衡量和调节社会经济的技术可能性,这里可调节的不仅是生产,而且包括分配和消费。最后,未来社会个人消费的计划性,当然不是以一个社会中心来控制和规定的,它需要社会个人从自身能力全面发展出发的消费理性,以及个人理性与社会监督的结合。说到底,全面发展的自由个性仍然是基础。现代互联网、物联网、人工智能技术的快速发展,预示着未来社会有计划生产的可能性。我们完全可以设想由亿万全面发展的自由个人,运用更高效的智能计算技术,掌握更全面的社会经济大数据,在一个分布式社会网络系统中形成社会经济决策,来预先调控社会生产、流通、分配和消费。社会经济的计划性并非一定要产生于控制一切的计划中心,计划经济与分布式网络系统完全可以相容。当然,在未来经济中,会有更具专业色彩的社会经济计划机构,它们仍然可以对个人决策做出必要的辅导和引导。但自由个人共同参与的分布式网络体系一定是社会劳动时间按比例分配的主导方面。需要强调的是,未来经济中的个人与社会机构,都将直接用时间尺度计算和分配劳动,而再不需要"著名的商品价值"插手其间。马云等人从电子商务的发展趋势猜测计划经济的可能性,并不是毫无根据的。

其次,对市场经济这个社会构造与现代科技所谓分布式自组织系统的类比不全面,将二者画等号的结论不正确。市场经济这个社会构造的确是分布式的,其组织单元的自主与连接也与其他分布式自组织机构有相似之处,因此也兼具了分布式网络体系的若干优点。但这里存在两个重要区别:其一,市场个体之间的联通性是不充分的,他们只是通过商品价格这一高度简化的、间接的方式相互沟通信息,更多的相关信息被屏蔽甚至扭曲。其二,市场个体的行为策略,或者如计算机技术所谓"算法",与生物系统及人工系统中大多数自组织系统根本不同，它建立在个体与个体利益矛盾、个体利益与整体利益相互对立的基础上，因此具有经济学所谓"机会主义行为"的特征：以损害别人为自己牟利。市场信息经常会被故意隐瞒、扭曲，甚至造假，因此整个系统的效率损失和反应迟缓会更加严重，其波动和不可控往往会发展到社会无法承受的程度。必须强调的是，市场自组织系统信息层面的"试错"过程，是通过商品物质层面的"试错"展开的，其物质与能量消耗按照现代控制理论的观点，显然是不经济的，对社会资源造成的巨大浪费完全是不必要的。现代科技推动的生产力发展以越来越明确的方式预示突破市场局限的必要性：直接生产过程中劳动时间的持续缩短，网络经济的"零边际成本"特征，互联网信息沟通的即时性，电子货币的符号化，职业的高流动性，劳动者需求层次攀升和全面素质提高……市场经济并不是一种理想的分布式自组织社会系统，它最终必然要在生产力的进步中被更具适应性和进化能力的新的社会经济组织所取代。

综上所述，我们对第一个疑问的答复是：现代科技发展更加有力地证明了市场经济终将被更具适应性、更加有效率的建立在分布式网络系统基础上的新计划经济所取代，人类社会历史进化的趋势必然如此，而不是相反。当然，我们对未来社会有计划生产的经济体系具体形式的猜想已经有所改变，它可能是在更加先进的信息技术基础上的并行式网络系统，它可以直接利用劳动时间尺度，在信息层面上完成必要的"试错运算"，在亿万人的互动中"涌现"社会经济的计划性，从而最大限度地减少生产过程中物质和能量的损耗。[①] 这也许可以称作"计算机社会主义"，或者"计算机共产主义"，但与奥斯卡·兰格的计算机社会主义不同，未来的计划经济不是依附在一个由计划中心控制的覆盖全社会的科层等级结构中，而是镶嵌在全体社会成员平等参与的并联的网络系统中。

---

① 凯文·凯利：《失控》，电子工业出版社 2016 年，第 17 页。

第二,当代社会主义是否能够突破生产力发展的制度障碍,可持续地推进人类社会发展,最终实现共产主义?

资本主义市场经济对当代生产力发展的阻碍是众所周知的,2008 年以来的全球性经济与金融危机再一次证明了马克思的这一结论。一方面,各发达经济体内部,科技进步中机器替代劳动不可遏制的趋势,带来了更严重的人口相对过剩和失业率高启,财富在少数创新型企业的高度集中,造成收入分配严重失衡;越来越多的"过剩资本"涌入金融领域,全球计算机网络助推了金融资产泡沫化,更加高效地吞食实体经济创造的剩余价值,发达经济体的经济日益金融化、虚拟化、产业空心化。另一方面,第二次世界大战以后,以美国为首的发达资本主义国家在全球范围内完成了新的经济布局,利用各国经济的高度不平衡,在贸易自由化的旗帜下建立了最有利于跨国垄断资本的国际竞争秩序。科技进步的成果不能在全球范围分享,生产力发展在发展中国家受到严重的阻碍。全球性生态危机是这种经济格局的后果之一,2008 年以来全球性经济与金融危机的形成,更是这一全球性制度框架不可避免的结果。很明显,这种状况如果不能根本改变,新科技革命不可能带来持续的经济增长,资本主义的矛盾和危机有可能葬送人类前途。

面对新一轮科技革命,中国特色社会主义将会如何表现?

当代社会主义需要市场经济,特别需要利用市场竞争中企业追逐超额剩余价值的无限冲动,形成有效的创新激励机制,从而建立以企业为主体的国家创新体系。中国特色社会主义进入新时代,创新成为经济增长的动力源,马克思主义执政党治理的、公有资本主导的市场经济不会重蹈资本主义市场经济的覆辙,阻碍社会生产力的进步。科技革命带来的机器对劳动的替代不等于失业,而将是劳动者工作日的逐步缩短;生产力发展带来的巨大财富绝不会集中到少数人手里,而必须为人民群众分享,使全体劳动者获益。回顾近 70 年实践的经历,展望新时代发展的前景,我们有充分的制度自信。

其一,技术革命源源不断创造的巨大财富,是共享发展的物质基础。企业创新不仅能为自身带来暂时的超额剩余价值,而且普遍的、持续的、企业创新,会造成全社会劳动生产力的不断提高,缩短劳动者的必要劳动时间,从而形成相对剩余价值。这个相对剩余价值构成资本与劳动分享经济成果的空间,在20世纪50年代以后的资本主义短暂的"黄金发展期",曾经为改善工人阶级状况、缓解资本主义矛盾提供了条件。当然,20世纪70年代以后事情发生了逆转。说到底,资本主义的市场经济由资本利益主导,劳资博弈的结果由资本掌控。只有在社会主义条件下,它才能成为生产关系不断完善,劳动平等程度逐步提高,劳资和谐、共享发展的物质基础。

其二,社会主义经济制度是创新成果社会共享的制度保障。公有资本主导的企业着眼劳动者根本利益,保证劳动报酬与生产力同步增长;以人民利益为根本出发点的执政党,能够保障社会政策、再分配政策更多向劳动者阶级倾斜,保证全社会劳动者及其子女劳动能力发展机会的平等。随着社会保障制度改革的深化,这一社会主义的制度特征会越来越充分体现。创新发展与共享发展具有内在的必然联系,劳动者物质生活将随着经济发展动力源的转换和新时代中国经济的可持续发展而不断提升。

其三,企业民主管理将与科技革命、产业革命同步发展。在一个人民为中心的发展进程中,企业的技术与管理创新将更多关注劳动者生产积极性的发挥,而与资本主义条件下以控制工人为主旨的创新路径完全不同。工人的"再技能化"越来越成为创新进程的主旋律。积极参与企业创新过程的工人群众在企业生产经营中作用增强,企业民主成为更多劳动者参与管理和技术革新的必然选择,劳动者不分男女,无论蓝领或者白领,在企业治理中的重要性会不断加强,劳动者当家做主的社会主义本质特征在企业管理层面上逐步显现。进而,企业生产经营对劳动者技术素养和管理能力的要求也将普遍提升。

其四,由于劳动者收入随着创新发展持续增长,企业生产经营中劳动者地位的提高,我国人口总体素质必将出现大幅度提升。人民群众的美好生活需要越来越多地得到满足,以教育和医疗制度改革为主体的社会福利制度的普遍完善,将使得中国人民的平均寿命、受教育年限和社会公平程度、生态文明程度等发展指数,在未来的30年显著提高。不仅人民群众的满足感、获得感、幸福感会更高,而且,这一进展将持续促进劳动者技能的提高,这必将反作用于物质生产过程,反作用于科技革命与产业创新。

最后,劳动者素质的普遍提升,将极大提高我国科技创新和产业革新能力,对国家创新体系的建设构成最扎实的基础,为我国产业国际竞争力的提升提供最重要的保证。科技发展依靠科技人才,产业发展依靠劳动大军的知识、技能、素养和职业精神。科技和产业的进步,说到底是人的发展;国际竞争从长期看,一定是人与人才的竞争。中华民族在复兴进程中始终坚持以人为中心,而在新的发展观引领的新时代,经济增长与人的发展得到更加全面协调,必然形成相互促进的良性循环。这是社会主义的社会再生产一般规律,是我们制度自信的根据,其政治经济学的逻辑简单而清晰。

一种常见的反对意见认为,劳动与资本是零和博弈关系,劳动者收入的提高将会压缩资本回报,弱化投资冲动,减缓经济增长。这种观点的错误在于,忽视了创新驱动的新一轮增长中劳资利益分享具有较大空间,在保证资本剩余价值率不变或略有增长的前提下,工薪阶层的生活水平有很大提升空间,其工作日长度也有逐步缩短的可能。当然,超出社会生产力发展许可的过快调整是不理智的,会损害劳动者长远利益。但是,党和政府从人民利益出发,跟随科技进步和生产力发展的节奏逐步推进改革,则不仅是可能的,而且是必要的。中国特色社会主义的基本经济制度以公有制为主体,公有资本的终极目标不是剩余价值,而是随着经济增长提高人民生活。因此,我们完全有能力调节好社会主义市场经济中的劳资关系,在保证经济增长所需要的资本积累的同时,不断提高劳动群众的生活水平和创造能力。

总之,新的一轮科技和产业革命在未来30年,将为实现我们党第十九次代表大会所提出的奋斗目标作出贡献,我们正在不断完善的社会主义经济体制,将与这一在科技革命推动下加速发展的社会生产力相互促进,相得益彰。不仅如此,科技革命展现的长远前景,也使我们更加坚定了共产主义的信仰。中国特色社会主义,在市场经济条件下,能够克服资本主义市场经济对生产力的阻碍,形成可持续的经济增长,在经济增长和人的发展互为前提的良性循环中,坚定而持续地接近一个更加美好的理想社会。我们甚至认为,从社会主义市场经济向未来社会的过渡会在渐变中实现。一个信息流、能量流与物质流合一的分布式网络系统会在社会主义的生产关系与生产力发展的良性互动中孕育产生,并逐渐完善,一个在全球网络技术基础上建立的、由全体社会个人参与的、拥有高度智能化工具的分布式神经网络型经济计划系统将逐步在国民经济中发挥作用,先是与市场机制并存、互补,再往后作用逐步加强,直至最终取代市场经济。这是一个渐进的过程,漫长的过程,同时又是一个当今科学技术发展可以预期的过程。中国道路应当沿着这样一条劳动生产力持续发展的路径,从社会主义市场经济渐进地长入共产主义。马克思、恩格斯生前未能想象这样的前景,而中国特色社会主义的演化路径正逐步向我们展示这样一种历史的可能性。

参考文献:

[1]马克思恩格斯全集[M].北京:人民出版社,1982.

[2]马克思.资本论[M].北京:人民出版社,2004.

[3]维克托·迈尔-舍恩伯格,肯尼斯·库克耶.大数据时代:生活、工作与思维的大变革[M].盛杨燕,周涛,译.杭州:浙江人民出版社,2013.

[4]杰里米·里夫金.零边际成本社会:一个物联网、合作共赢的新经济时代[M].北京:

中信出版社,2014.

[5]马丁·福特.机器人时代:技术工作与经济的未来[M].北京:中信出版社,2015.

[6]克劳斯·施瓦布.第四次工业革命:转型的力量[M].北京:中信出版社,2016.

[7]凯文·凯利.失控[M].北京:电子工业出版社,2016.

[8]荣兆梓.生产力、公有资本与中国特色社会主义——兼评资本与公有制不相容论[J].经济研究,2017(4).

[9]黄群慧,贺俊."第三次工业革命"与中国经济发展战略调整——技术经济范式转变的视角[J].中国工业经济,2013(1).

[10]贾根良.第三次工业革命与工业智能化[J].中国社会科学,2016(6).

后　记

　　这本书中的文章写作时间跨度比较长，最早一篇发表在 1992 年第 3 期安徽财经大学学报《财贸研究》上，而最晚一篇则在清华大学《政治经济学季刊》2019 年第 2 卷第 1 期刊出。细算起来时间已经过去了整整 27 年。因此，内容上的跳跃、不衔接，理论观点演变，理论范畴前后有差异，都在所难免。好在讨论的主题比较集中，从中仍然可以发现作者探索的轨迹、思想的脉络。

　　1978 年初，本人年近三十高考入学，对马克思主义政治经济学的学习和研究起步较晚，主要研究论文集成三本文集：其一是《企业制度：公平与效率》，2014 年由经济科学文献出版社出版，其二是《理解当代中国马克思主义政治经济学》，2018 年由济南出版社出版，其三就是安徽人民出版社 2019 年即将出版的这本《拓展政治经济学新视野：理论、范畴与方法》。按照文集的内容，三本书具有从具体到抽象的理论层次上的区别。第一本书搜集了我在马克思主义制度经济学、企业理论研究研究方面的大部分成果，跟踪企业改革实践，讨论国企改革策略；第二本书是关于中国特色社会主义政治经济学的研究成果，讨论中国特色政治经济学的体系建设，以及公有制为主体的基本经济的理论与实践；即将出版的这第三本书显然更接近政治经济学基础理论层面，从书名也可以看到这一特点。但是，读者很快就会发现，其实三本书的内容相互重叠，相互渗透，很难将它们完全割裂开来。区分很可能只是在整体的抽象程度上。本书很多基础理论问题的讨论直接与中国特色社会主义政治经济学的体系建设相关，或者说涉及体系建设的一些最基本理论层次的问题。在我看来，这些基础理论问题不讨论清楚，对体系建设的推进是会有妨碍的。

本书讨论的理论范畴主要有：劳动与劳动生产力，所有制与生产关系，资本与公有资本，公有资本与平等劳动，以及生产力与未来社会。希望读者能够从中体会到理论范畴之间的逻辑关联。但必须承认，由于时间跨度太长，作者在写作中并没有很好地照应这种理论逻辑的关联性，至少在文字表述层面上情况显然如此，这给阅读增加了困难。我在这里向未来的读者们表示歉意。

同样的缘由，这种时间跨度也给本书的编辑团队，给长期支持和鼓励我的研究工作的安徽人民出版社的老朋友们增加了麻烦。感谢安徽人民出版社副总编白明编审，感谢编辑中心主任蒋越林副编审以及编辑团队的其他成员为本书出版付出的巨大努力，那些耗时而烦琐的工作被他们做得竟如此精细而完美。与他们多年的合作，留下了许多美好的印象，也结下了深厚的情谊。真的十分感谢！

荣兆梓

2019 年 6 月 4 日

图书在版编目(CIP)数据

拓展政治经济学新视野:理论、范畴与方法/荣兆梓著.
—合肥:安徽人民出版社,2019.9

ISBN 978-7-212-10604-1

Ⅰ.①拓…　Ⅱ.①荣…　Ⅲ.①政治经济学　Ⅳ.①F0

中国版本图书馆 CIP 数据核字(2019)第 148254 号

拓展政治经济学新视野:理论、范畴与方法

荣兆梓　著

出 版 人:徐　敏　　　　　　　　　选题策划:白　明　蒋越林
责任编辑:蒋越林　　　　　　　　　摄　　影:郑为建
责任印制:董　亮　　　　　　　　　装帧设计:宋文岚

出版发行:时代出版传媒股份有限公司 http://www.press-mart.com
　　　　　安徽人民出版社 http://www.ahpeople.com
地　　址:合肥市政务文化新区翡翠路 1118 号出版传媒广场八楼
邮　　编:230071
电　　话:0551-63533258　0551-63533292(传真)
印　　制:安徽新华印刷股份有限公司

开本:710mm×1010mm　　　1/16　　　印张:14.25　　　字数:200 千
版次:2019 年 9 月第 1 版　　　2019 年 9 月第 1 次印刷

ISBN 978-7-212-10604-1　　　　定价:48.00 元